U0041325

向貓咪、
이 기 적　고 양 이
學習生活哲學

李周禧
이 주 희

樊姍姍／楊琬茹 ──譯

Chapter

1

向貓咪學習的生活哲學

Chapter

2

像貓咪一樣去愛

目録

Chapter

3

貓咪機密檔案

Chapter

4

貓咪使用說明書

Chapter

5

四隻貓咪帶給人類的影響

6

貓咪成癮症患者的末路

Chapter

7

我家庭院的貓咪

想活得像貓咪一樣

　　如果神燈精靈或貓咪王子，還是隨便哪號人物出現，答應讓我許一個心願，我一定會毫不猶豫地説出：「請讓我活得像貓咪一樣」。我想當貓咪，想到甚至試著把願望都捲成一團塞入毛球裡，希望這樣就能把自己變成貓咪。每天反覆想著，如果自己能再更聰明一點就好了，再更從容一點就好了，再更⋯⋯就好了，如此這般想個不下數十次。每當我一對上身旁貓咪的視線時，總會笑著説：「沒錯，就是像你一樣。」

　　我下定決心要像「自私的貓咪」一樣，堂堂正正地變「自私」，卻又充滿魅力。像貓咪一樣認識「自己」、珍惜「自己」、保有不受任何人影響的「自己」。所以這本書誕生了，雖然不知貓咪會不會坐在沙發上一面看著我的原稿，一面説著「哎喲，不錯喔！」來嘲笑我。坦白説，直到現在，我依然無法活得像貓咪一樣從容自在。還是一樣焦躁、為了小事感到受傷、嘟嘴、跺腳，為了其他人而放下自我。每當陷入這種時刻，我都只能把頭壓得低低的，希望視線不要對上躺在一旁、用眼神説「嘖嘖，完全沒有進步嘛！」的貓咪。即便如此，還是下定決心，總有一天，我會的！

　　這本書也是寫給我貓咪們的謝卡和情書。用心刻畫嘻嘻的深情、梅的美麗、小炭充滿魔性的魅力、原子小金剛的撒嬌，還有我對這些毛小孩的愛⋯⋯彙集而成這本書。如果你也有隻心愛的

貓咪，將這本書作為寄給他們的情書吧！如果跟貓咪還不熟，看了這本書後，一定會讓你愛上貓咪的。衷心希望看完本書後能讓你更愛貓，我們一起讓世上的貓全都過得更幸福吧！哪怕只多那麼一點點也好。如果能夠「愛貓及貓」，不只疼愛自己的貓，也把這份愛分享給街貓們，那就再好不過了。

嘻嘻、梅、原子炭、原子小金剛，謝謝你們讓我走進你們的「貓」生，謹以此書傳遞我無法用你們的語言來表達的感謝之意。因為遇見了這群貓，使我成為了溫暖的人，也讓我想成為更好的人。此外，還要向我那位任勞任怨擁抱這四尾十八腳大家庭的另一半傳達一「貓」份的愛（你應該知道，這樣的分量很多！）我也跟你約定，一定會馬上掌握貓咪教我的人生課題，成為不輸貓伴侶的人類好伴侶。此外，還要謝謝我那從一開始覺得貓咪很可怕，到現在一來我家就先找貓咪玩的老爸老媽，還有覺得姊姊家的貓咪不管怎麼看都最可愛的弟弟，Thank you ！讓我代替貓咪，向覺得貓咪可愛到不行的你致謝。最後，不為別的理由，只因貓咪就是世上最美的存在，向全世界所有貓咪説：「喵喵喵～喵嗚喵嗚～喵喵」。因為是貓，所以感謝。

2010 年晚秋　李周禧

貓咪 profile

姓名	嘻嘻
生日	2004 年 4 月 18 日
年齡	11 歲
種類	土耳其安哥拉貓
體重	3.5 公斤
毛色	顏色全混在一起
瞳孔顏色	黃色
外貌	毛色和一般的土耳其安哥拉不一樣，毛雖長卻很柔順。眼角下垂，看起來很一副可憐的萌樣。

【特殊事項】性情一點也不溫馴的母貓。如果她對「溫馴」有自己的定義，真的很希望她能告訴我。

【和其他貓咪的關係】和大家的感情都不好。曾經很疼愛小時候的原子小金剛，但是當原子小金剛一長大就絕情地轉身離開。因為是唯一的母貓，所以常常被其他貓咪找麻煩。

【人氣指數】在狂熱的貓咪愛好者間超受歡迎。只要一見到就會愛上她。

【個性】敏感又神經質，進一步認識後會發現，她是一隻深情、有內涵、思慮縝密的貓。她也是和我最心有靈犀的毛小孩，只要與她對上視線，什麼都不用說，她就會給我一個「沒關係，我懂」的眼神。嘻嘻就像一手帶大不懂事的弟妹結果嫁不出去的老處女大姊。對所有事情都心不甘情不願，同時也天不怕地不怕。她也是我們家的接待貓，會向每位來家裡的客人很有禮貌地撒嬌打招呼。嘻嘻堪稱是家裡唯一最貓模貓樣的貓咪了。

【體質】血液檢查結果顯示，一出生就體質敏感且虛弱。

【特技】接待客人、固定在一個位置不移動、吐。

【喜歡的食物】洋芋片、塑膠袋、美乃滋、麵包。

姓名	梅
生日	2004 年 8 月 7 日
年齡	11 歲
種類	暹羅貓
體重	4.1 公斤
毛色	米色和棕色的完美層次
瞳孔顏色	海洋藍
外貌	對自己的外表相當有自信，可說是我目前為止看過的暹羅貓中最美麗的。連眉毛都很完美。對自己的外貌絕不妥協。

【特殊事項】是貓咪中罕見的七胞胎的老么。

【和其他貓咪的關係】和原子炭之間如膠似漆，並且對這樣的友誼相當自豪。常常主動找嘻嘻打架，但每次都挨揍。平常和原子小金剛沒什麼交流，可是會默默地照顧他。

【人氣指數】以美麗外貌和擁有豐富內涵的「最佳好友」形象位居第二名。和第一名的嘻嘻只有一票之差。

【個性】有點笨又很膽小，常常被嚇到，又被叫「膽小鬼」。就算只是稍微受到驚嚇，又大又藍的眼睛裡也會捲起驚濤駭浪，四肢痲痺不得動彈。個性非常怕生，即使已經來家裡拜訪十次以上的朋友，也很難見到梅一面。認為玄關的門鈴聲是世界上最恐怖的東西。不管做什麼都傻呼呼的，可憐兮兮的模樣讓人看了不禁莞爾。外表文靜又有內涵，讓梅擁有「最佳好友」的形象。他同時也是熱血的快樂主義貓，最愛玩打屁屁的遊戲和貓薄荷。只要有了貓薄荷，就會變身成為無所畏懼的 Super Cat。簡單來說，梅就像個貓薄荷成癮的傻瓜型朋友。

【體質】因為太過膽小，讓人擔心梅的心臟系統是否很虛弱。曾經因為尿道結石而十分痛苦。

【特技】摘花草吃、匍匐前進、躲藏、發出奇怪的聲音。

【喜歡的食物】身為一隻素食主義貓，只要是草都喜歡。特別喜歡吃芝麻菜。

姓名	原子炭
生日	2006 年 7 月 10 日
年齡	9 歲
種類	孟買貓
體重	4.5 公斤
毛色	Black, black, all black!
瞳孔顏色	黃綠色
外貌	對自己宛如黑豹般線條完美、肌肉發達的身材引以自豪。從頭到腳皆穠纖合度，比例勻稱，堪稱完美。

【特殊事項】透過深愛孟買貓的男友不斷請託，出生後四週就從俄羅斯來到韓國。俄文名字叫做卡格勒（Kagor）。

【和其他貓咪的關係】非常討厭原子小金剛，完全不把嘻嘻看在眼裡，和梅是沒有對方就活不下去的超級麻吉。

【人氣指數】充滿魅力且性感無比。曾有一段時間以失心瘋的搞笑喵形象獲得人氣投票第一名，但現在已被原子小金剛後來居上。

【個性】從走路的樣子到傲慢的態度都能看出他是家裡名符其實的大王。可能是家人們的放任和溺愛造成他這種個性。自尊心非常強，所以只在其他貓咪看不到的時候才跟人撒嬌。好惡分明，對於討厭的事物一秒都不能忍受，嚴重地不耐煩，所以

也叫「不耐煩炭」；撕咬、砸毀、破壞家中所有東西，所以也被稱為「破壞狂炭」。像是有錢人家的獨生子一樣，所有事情都要合他的心意才行。非常清楚自己長得很帥，覺得受到眾人喜愛是理所當然，所以連撒嬌也十分魯莽，大清早就給人類媽媽一個喇舌深吻。有點變態。擁有充滿魅力的外貌，但骨子裡卻仍像個長不大的小孩，到現在還是會試圖抓自己的尾巴。非常愛搗蛋，古靈精怪，讓人覺得一點也不像貓，對捲筒衛生紙十分執著。

【體質】體溫很高，喜歡待在涼爽的地方。

【特技】打翻裝水的杯子、撕扯捲筒衛生紙、破壞髮帶、討零食吃、開門、打開抽屜找零食、把家裡搞得天下大亂。

【喜歡的食物】自家製雞肉乾、廉價飼料樣品、喀什米爾羊毛衫。

姓名	原子小金剛
生日	推測於 2009 年 8 月出生
年齡	6 歲
種類	韓國短毛貓
體重	5.3 公斤
毛色	穿著完美合身的燕尾服
瞳孔顏色	黃色
外貌	燕尾服貓（又稱賓士貓）的最佳範例。隨著小腹漸漸開始突出，成了應酬酒會上看著女同事大腿會害羞的酒醉大叔部長。

【**特殊事項**】在南山韓屋村裡和其他三隻兄弟姊妹走散後被救出，接受動物醫院保護，偶然見到後決定收養。

【**和其他貓咪的關係**】不管其他貓咪喜歡、討厭、還是憎恨自己都毫不關心。

【**人氣指數**】深受喜歡失心瘋貓咪的人們喜愛。以大叔外貌和搞笑形象獲得第三名。

【**個性**】磁鐵貓，無論如何也要黏在人類媽咪身邊。除了從超愛撒嬌這一點可以看出是隻貓咪，對其他貓咪沒有絲毫興趣。不怕生，泰然自若，一般事情都嚇不倒他。已經超越厚臉皮，不要臉到無法形容的地步。貪吃且好奇心強烈，甚至偷嚐過泡菜湯。十分熱愛自己喜歡的東西，甚至會為了不想被其他貓咪搶走而站崗守護。對於討厭的事情可稍微忍受，一旦忍無可忍就會毫不留情地咬人，有點暴力傾向。

【**體質**】身體偏弱。牙齒特別不好，換牙時下排犬齒沒有長出來，以後應該也長不出來了。優點是咬人的時候不會痛。下排門牙掉了一顆，看起來像個小傻瓜。

【**特技**】咬紙箱和紙張、占領膝蓋、各種搞笑行為、邊揉鼻子邊打哈欠。

【**喜歡的食物**】只要是吃的不管什麼都喜歡，特別喜歡冰塊。

CHAPTER

1

向貓咪學習的生活哲學

我就是世界的中心

聽說狗以為自己是人，貓咪則以為人類是貓。這個世界上沒有誰能比貓咪更了不起。

所以，就算貓咪整天無所事事，也可以大聲使喚別人幫他準備三餐。
所以，就算貓咪一天花十六個小時睡覺，也能泰然自若。
所以，就算貓咪什麼事情都不做，也如此理所當然。

如此不留餘地，世界只好以貓咪為中心來運轉。
熟識的文案（copy writer）姊姊寫了一句「我就是我。」獲選最佳文案。
說不定就是因為觀察到貓咪的習性，有感而發寫出來的。

冷眼旁觀

冷眼旁觀，
是貓咪們面對所有事物的一貫態度。

除了要求主人填滿飼料盆，以及企圖打開美味零食包的瞬間，其他時候，貓咪都是以冷眼旁觀的姿態觀看眾多事物。這種比「冷漠中帶著些許瀟灑」更富哲學性、層次更高的姿態，就是貓咪們的生活哲學。
不管遠處有兩隻貓咪緊緊抱在一起打得貓毛滿天飛，還是人類在吃飯，或是玩具鼠跑來跑去，對貓咪來說，都不過是觀賞的對象而已。

往後退一大步，遠遠地看著，宛如佛祖般靜觀世間一切。就像看電影一樣，彷彿眼前正在進行的事情都發生在異次元世界，與他無涉。貓咪就是如此這般看待世界的。

望著貓咪這種超然脫俗的神情，我領悟到一點，「啊，所有的痛苦和焦急全都源於我的內心，退一步、放寬心，就能讓心獲得平安。往後退一步，不管任何事都能成為每天小小的快樂插曲，這就是生活的樂趣啊！」

「冷眼旁觀」正是貓咪為我們這些好管閒事、內心複雜的現代人所帶來的最佳啟發。

懶洋洋的才時尚

「留白的美感、縹緲的餘韻、極簡的魅力，這些只不過是懶惰的別稱罷了。」

朋友一邊喝著酒，一邊這麼說道。

獨自一人喃喃自語。

「怎麼會這樣！原來貓咪並不是真的完美，只是懶惰而已！」

十分熱衷於讚美貓咪的我，總覺得貓咪那些偶爾漏洞百出、不甚完美的行為，是因為貓咪不想讓自己太過完美，所以才故意那麼做的。過去總以為貓咪如此深諳不完美的力量，甚至讓我常為此感嘆，一天二十四小時，一星期七天，每天我都覺得，貓咪明明有些小缺點，卻不知為何仍然如此完美。結果，這一切只不過是貓咪的懶惰罷了。是啊，把四公斤的懶惰捲成一團，就是一隻貓咪了，不是嗎？

可是話說回來，連耍懶都讓人覺得很時尚，貓咪的世界究竟有

多麼深不可測啊！竟然能把懶惰塑造成一種魅力，這該稱為懶惰的最高境界嗎？啊啊啊，懶惰帶給我的，只有因為地板沒有打掃而變得髒兮兮的腳底，或是因為懶得拿剪刀，硬扯下標價造成新衣上的破洞而已！懶惰也能成為魅力？這世界還真是不公平。

懶惰卻不被發現的祕訣

嘻嘻伸直四肢趴在沙發上。這張沙發雖然是我的，卻沒有我可以坐的位置，想想實在心有不甘，所以決定去煩嘻嘻。嘻嘻！嘻嘻啊！這樣叫了兩、三次，嘻嘻才勉為其難地睜開眼睛。好不容易張開一公釐的眼睛，和我對上視線後又再次閉上。

看到這裡，你一定覺得「啊，果然很高傲。這樣才是真正的貓咪不是嘛！」但我必須要揭開貓咪的祕密。很可惜，貓咪並不高傲。嘻嘻也不高傲。貓咪只不過比較「懶惰」而已。可是貓咪很聰明，為了不被人發現他的懶惰本性，所以用高傲來偽裝。

因為懶到不行所以裝作不知道、漠不關心。沒有辦法再裝下去的時候，會因為連頭都懶得轉動，只好眨個眼睛表示「知道了」。這懶小子，就算拿掃把推他屁股也沒有辦法讓他站起來，而我們卻愛得不得了，覺得他們很高傲、很時尚。

不過，放下這一切回頭看看，過去貓咪所給予我們的待遇也不全是委屈。

不管是你還是我，都無法像貓一樣懶惰。

先好好向他們學習吧！

誠實的臉部肌肉

貓咪無法擺出撲克臉。不管任何情緒和感情都會一五一十表現在臉上。一點都不隱藏，應該說，一點都不想隱藏。就算是 0.1 秒一閃即逝的情感，也會纏繞在鬍鬚末梢徘徊不去。鬍鬚末梢、眉毛末梢、耳尖、尾巴末端，全都如實傳遞著貓咪的心情。

失望的表情、內心受傷的表情、厭煩的表情……還不止這些而已。自從原子小金剛來到家裡後，我看到原子炭的表情，才發覺原來貓咪的表情如此複雜又深奧。看著原子小金剛時，小炭的眼睛會變方形，眼神燃燒著熊熊怒火，就這麼瞪著原子小金剛。那雙眼睛包含了嫉妒、憤怒、吃醋、悲傷，還有自暴自棄的心情，同時蘊含著「你是不可能贏過我的」這類威嚇，以及「我仍然是這個家的大王」的傲慢。（天啊！）這樣瞪著原子小金剛的小炭，只要一對上我的眼神，方形的眼睛馬上又變回圓滾滾的大眼。只花 0.000001 秒就能變成又圓又萌的撒嬌眼神。如果撒嬌到一半，原子小金剛進入他的視線，眼睛立刻又變成方形，同時抖動著鬍鬚和眉毛（雖然聽起來很可怕，但看起來真的很好笑。就算發現貓咪也有可怕的一面，但說真的，實在不怎麼可怕）。

只要聽到我好像在開罐頭的聲音，就會用芳齡二十一歲的青春女星般人見人愛的臉龐跳上流理臺。但是，只要發現我開的罐頭不是他愛吃的，表情瞬間就變成大熱天穿著貼身皮褲、一臉不快、騎著哈雷重機的粗壯大叔。表情落差之大，明顯到就算沒養過貓的人都看得出來。

我也一樣。如果覺得討厭，就會露出一臉「討厭死了」的表情，如果喜歡，臉上就流露「喜歡到不行」的表情，喜怒哀樂全寫在臉上。一會兒心情好到嘴角幾乎要碰到眼睛，五秒後又突然生氣

地撇嘴。即使當下什麼事都沒有發生也會這樣，因為我腦海裡想的所有事情全都表現在臉上。這輩子因為喜怒形於色的習慣聽了許多嘮叨，也為此蒙受不少損失，雖然研究過該如何隱藏心情，不讓情緒輕易顯露在臉上，也曾努力嘗試，但只要一轉身，就像得了酒精性失智症一樣，凡遇到討厭的事物，表情還是比言語先一步表現出來。既然改不了，現在的我索性不管了，反而把這樣的習慣當成一種優點。

永遠都在笑的人其實很可怕，永遠都是一號表情的人也一樣可怕。「哎呀，為什麼沒有給我喜帖呢？啊，真可惜。如果早知道我一定會去喝你的喜酒。」（明明就不會來）「為什麼不結婚？為什麼不生小孩？什麼時候生小孩？房子買多少錢？」（不管何時見到我都要進行身家調查）這類說說而已的客套話，還有虛情假意、讓人無法忍受且言不及義的閒話，說這種話的人也很可怕。

喜歡就喜歡，討厭就討厭，我喜歡這樣的臉孔。想笑的時候就大笑到嘴都遮不起來，討厭的時候就皺起眉頭。雖然不能當壞人，但也沒有必要故意裝好人。不管是貓還是人，只要臉部肌肉誠實到藏不住半點祕密的，都讓我打從心底喜歡。

什麼都不做的美學

給對面的狗兒們：

我活到現在，第一次見到像你們這麼呆的狗兒。我可不是為了上次你們趁著我家玄關門開著，所以衝進來在地板上撒了尿就跑這件事情才寫信給你們，我可沒這麼小心眼。且聽我道來。

你們家和我們家中間不過隔了一條走廊的距離，兩家隔著這條狹窄的走廊對門而居，一轉眼也超過一年半了吧？一年半了，你們聽我的腳步聲應該也聽膩了，不會再叫了吧？

但是，每次從我爬上樓梯開始，你們就不停狂叫，一路叫到我站在門前按密碼鎖、進入家裡關上門，直到離開玄關為止。為什麼非要這樣叫到快斷氣呢？

雖然對我而言很困擾，但是你們這種行為，豈不是更對不起你們主人嗎？

你們兩個一天這樣叫個幾次，主人會有多累啊？

這樣對待給你們飯吃、養大你們、對你們有恩的主人，不會太過分了嗎？

所以說啊，你們兩個不如學學我們家的貓咪如何？你問我，這麼懶惰的貓咪有哪一點值得學習嗎？

就學他們「什麼都不做」這一點就好啦！

如果沒有自信能把事情做好，乾脆什麼都不要做。什麼都不做就不會被罵了。真希望有誰可以告訴你們這些道理啊！好讓你們呆歸呆，也不至於因為太勤快（的汪汪叫）而給大家帶來困擾。

順勢而為

如果你冷靜地觀察貓咪，會發現貓咪有個相當重要的生活信念，就是「順勢而為」，這點甚至可說是最重要的。了解之後就會明白，正因為這種「順勢而為」的生活智慧，反而讓這些比任何動物都懶散、漏洞百出的貓咪，因此擁有高傲、冷漠的形象。

瘋狂地磨蹭躺在床上的我，興奮之餘一個不小心失足，啪嗒掉下床，貓咪一點也不會覺得不好意思。既然掉下床，那就順便理個毛吧！隨即忘記剛才發生的一切，開始專心地舔毛整理外觀。

在衣櫥的抽屜裡玩耍，結果因為我出門上班而被關在裡面。但是貓咪不會驚慌，既然被關在抽屜裡，不如就埋頭睡上一覺吧！睡個六小時，通體舒暢。

舉起後腿舔著大腿內側的毛，一時失去重心往後跌個四腳朝天。但貓咪絲毫不覺得丟臉。既然往後倒了，索性就躺下吧！大剌剌地以大字型仰躺著。

以為我要餵罐頭所以毫不遲疑地跳上流理臺，但上來之後發現根本沒有貓罐頭。貓咪完全不會難為情，既然跳上了流理臺，就順便喝個水吧！舔、舔、舔，喝著積蓄在水槽中的水滴。

看樣子，這世上沒什麼事情會讓貓咪覺得不好意思。所以直到今天，貓咪依然能在王者的寶座上，繼續假裝那不可一世的高傲。

我想都不曾想過，「順勢而為」竟是如此蘊含智慧的一句話。直到養了貓咪之後。這短短四個字所隱含的智慧，能讓你在人生中遭遇尷尬與失誤的瞬間泰然處之，輕描淡寫地帶過。

令人意外的深情

貓咪總是讓人感到意外。漠不關心地看著周遭所有事物，對貓咪來說，好像只有睡覺和理毛這兩件事情最重要，但貓咪其實很深情的，就像一個老是抿著嘴的木訥男生默默掏出手帕為妳拭淚那般深情款款。即便這會讓他感到難為情，但他還是願意安慰妳。如果一位冰山美人突然展現了出人意表的深情，必定讓人懷疑背後是否有什麼算計，但貓咪絕沒有這些心機。他們不可能有心機。因為貓咪根本懶得打這些算盤。如果人類也能變得懶一些（懶到沒辦法算計別人），也許世界會變得更和平吧。

好奇心絕對殺不死貓咪

俗話說「好奇心會殺死一隻貓」，會說這句話的人肯定對貓咪一知半解。因為這世界上根本就沒有什麼事情足以吸引貓咪，更別說會置他們於死了。在一件事情讓貓咪感到厭倦之前，他早就放棄了。也許這就是讓他們看起來高傲又優雅的祕訣吧！

貓咪雖然好奇心旺盛，卻一點野心都沒有。雖然貓咪會對外界的刺激產生反應，但非常短暫，也許根本從一開始就提不起興趣。如果說有什麼祕訣，也許這就是了。

只想恰如其分地，像貓一樣活著。

一起變得懶洋洋

認識貓咪之後，開始覺得世間的最高美德也許就是「純粹的懶散」。百萬富翁也無法擁有貓咪的懶散。想不到懶洋洋也可以這麼時尚，這麼幸福。夢想著總有一天也要享受「那種」懶散的我，至今卻仍為了「如此」懶惰的我感到丟臉。

剛剛好的哀怨

人一旦哀怨起來，連自尊心都可以拋下，看了就令人難過。

把眼淚擦一擦吧，乖。
不想擦嗎？
你看我就做得到。
看著這張哀怨的臉，你有信心能讓對方回心轉意嗎？
有信心嗎？
有嗎？
我問你有信心嗎？

沒有。

CHAPTER

2

像貓咪一樣
去愛

不因為貓咪而感到受傷的方法

貓咪也經常令人失望。不管你怎麼努力，最後都會辜負你的期望。可惡到讓人想往牠後腦勺敲下去。想獲得貓咪的認可，唯一的方法就是帶牠們去動物醫院。只有在這個時候，牠們才會雙手雙腳也纏著你，大叫著這世界上只信賴你一個人。

所以人類只能學習。承認我愛他們比他們愛我多更多，並且樂在其中。學會這點之後，從此就會把所有的情感看得很淡，不再糾結。也許是貓咪想教我如何先付出愛吧！

像嘻嘻一樣盡情去愛

和你在一起的時候，我也是這樣嗎？
我也想成為可以做出這種率直表情的貓咪啊！

幸好貓咪不是戀人的理由 1

在我出門直到回家前的這段時間，我家的貓咪好像都會忍著不去便便。不是因為貓砂髒了才忍著不上廁所，因為我回家後看到貓砂都跟出門前一樣乾淨。我們家的貓咪很奇怪，每當我打開玄關門進到家裡，他們會出來迎接我。這時的貓咪就像有點彆扭的青春期男孩一樣，看到爸爸下班回家，茫茫然不知如何是好，只好站起來嘟囔著「您回來ㄌ @#$*!&!@$……」，點個頭就進去房間。步伐搖搖晃晃，像是牽了一頭牛去趕集似地，先爬過來伸展一下，分不清是伸懶腰還是打招呼，接著就自顧自走了。奇怪的是，在這個動作之後，每一隻貓咪都會朝貓砂前進。因此，只要

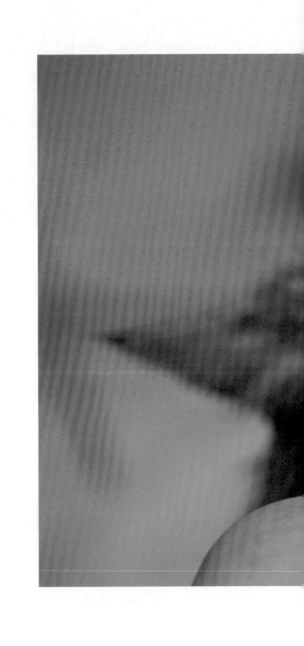

我一回家，家裡的貓砂盆就會擁擠忙亂，幾乎得發放號碼牌才能紓解貓潮。

「你看！我今天也大了這麼厲害的便便。」原來，他們是為了得到我的稱讚而等待。為了得到讚美，連生理需求都可以忍耐。面對這種狀況，就好像我是個不解風情的男友，面對總是用長髮遮住耳朵的小女友，某天她突然綁起馬尾，我明明應該要稱讚「哇，妳的耳朵好可愛，哎喲，真難得！」卻因為太遲鈍而沒有發現女友的意圖，結果因為沒有適時稱讚而被永遠拋棄……這是極有可能發生的悲慘結局。就連大便都想要獲得稱讚，幸好貓咪不是戀人，真是謝天謝地。

幸好貓咪不是戀人的理由 2

出門在外，有時會因為想到貓咪們在家裡是否安好而擔心得要死。喝酒喝到一半、會議進行當中、走在半路上，都會突然好想念貓咪，想到無法忍受。（要看醫生嗎？）通常我會立刻起身逃離現場狂奔回家，但若遇到實在無法脫身的時刻，就會非常渴望貓咪能懂得接電話。就算不說話也好，只要他喵嗚回答一聲，我就覺得很幸福了。如此一來，我就能安心地喝到最後一攤，不用破費搭計程車趕回家。

但是，如果貓咪真的會接電話，我真無法想像自己會落入何等悲慘的窘境。如果電話沒在鈴響的瞬間被接起，我肯定會開始焦慮；如果響了三聲都沒人接，我可能會因為擔心貓咪發生什麼意外而衝回去；還有還有，我一定會使出奪命連環扣，每小時都要打電話查勤。就像不成熟的瘋狂情人一樣，不停發簡訊轟炸、狂打電話監控對方。說不定，貓咪會對那樣的我感到厭煩，從此離我而去。幸好貓咪不是戀人，真是謝天謝地。貓咪不會接電話，更是萬幸。

貓咪的自信

背著我偷偷打開窗戶的原子炭，因為事跡敗露，不得已落入我手中。小炭經常會以兩隻後腳站立，雙手抓住窗戶溝槽「咻」地打開窗戶。力氣很大的小炭，就連客廳的大型落地窗都能輕鬆打開，是貓界的大力士。因為牠老是打開窗戶跑到陽台上，還跑到隔壁人家的陽台串門子，我只好用膠帶把紗窗封起來。平常都能打開的窗戶突然打不開，小炭像瘋了一樣哼哼叫著，用力試了幾分鐘後，落在我的手中。「小炭！為什麼要開窗，又想跑去哪兒！」話才說完，小炭突然睜著圓眼，頭抬得老高，瞅著我的眼睛開始喵喵叫了起來。怎麼會發出這麼柔弱的聲音，就像個口齒不清的小女孩咿呀嚷著，一點也不會不好意思。「我可愛吧？可愛吧？我長得很可愛吧？所以幫我開門呀！為什麼不幫我開門啊？」喵喵喵，喵喵喵。

不管做了什麼調皮搗蛋、令人生氣的壞事，最後還是可以很有自信地問：「我可愛吧？」只要他這樣問我，就算一開嘴裡始罵著「你這傢伙！壞小子！」最後都會變成「哎喲，是是是，你最可愛了。」然後像被催眠似地乖乖幫他開窗。

小炭的祕訣就是超級有自信。厚臉皮會讓人討厭，但如果貓咪以自信當武器，任誰也無法討厭他。這招太有效了！一定要向貓咪學習如何培養自信。貓咪的自信心就像魔術一樣能化腐朽為神奇。好比要把謊言說得像真的一樣時，自己得先打從心底相信事實就是如此?!培養自信的祕訣，首先得真心相信自己，絕對不能懷疑自己，相信沒有任何人比自己更有魅力。這樣一來，就算對方事後覺得「嗯，我被下蠱了嗎？」也已經無法自拔了。

做了蠢事，或是做了會讓愛人有點生氣的事情時，請有自信地問對方：「我很可愛吧！」

想得到對方，就要先學會殘忍

使用逗貓棒逗弄貓咪的技巧，出乎意料地困難。即使在空中胡亂甩到手都快斷了，大部分的貓咪連眼睛都不會眨一下。貓咪只會舔著自己的腳掌，一邊打呵欠一邊看著你耍寶。為什麼會這樣呢？

其實，使用逗弄貓咪是有訣竅的。一開始必須若隱若現，控制在只差一點就會被抓到的程度，像捉迷藏一樣輕輕地揮動逗貓棒。動作必須如同揮動羽毛或釣魚竿一般輕柔，最好只有尾端會搖動。此外，躲在棉被裡似探似藏的效果也很好。如此一來，貓咪就會瘋狂扭動屁股，鼓起臉頰，瞪大雙眼。但是貓咪一開始只會看著逗貓棒，不會靠近，讓搖著逗貓棒的人類坐立難安，結果上鉤的反而是我們。貓咪會躲在可以遮住自己身體的角落或是障礙物後面偷偷盯著獵物，一直忍耐到我們快失去耐心的那一刻，突然衝過來一把抓住獵物。如果這是戰爭，人類死一百次都不嫌多。

聽說貓咪抓老鼠來玩也像這樣，欲擒故縱。讓老鼠像是有機會可以逃走似地，放手又抓回來，放手又抓回來。貓咪抓到老鼠如果沒有馬上吃掉，就不會讓老鼠立刻死掉，而是一直玩弄，直到牠斷氣為止。

一下要殺一下要放，讓老鼠焦慮不已（何止是焦慮，以老鼠的立場來說可是生死交關）！直到厭煩了才抓住老鼠。從貓咪抓住偶爾飛進家裡的昆蟲也可以看得出來。明明可以一把抓住，卻還是帕、帕、帕地用力撲打昆蟲。那情景，就像貓咪想聽昆蟲說出「乾脆殺了我，給我一個痛快吧！」但無論是老鼠還是昆蟲哀哀求情，貓咪都無動於衷。從未聽過貓咪會因為老鼠求情而放老鼠一馬的。

就像若隱若現比全裸脫光還要性感的道理一樣。若即若離、若有似無地表達心意，先讓對方坐立難安，再讓對方感到幸福，這是戀愛和誘惑最具決定性、最高難度的技巧。但是，想要學會這個技巧，得先變得像貓咪一樣殘忍才行。必須做到絕不被對方的哀求動搖、絕不會同情對方，才能習得這樣的終極技巧，之後才能達到欲擒故縱、若即若離這種「若有似無」的境界。

也唯有如此殘忍，才能好好享受誘惑的快感。如果一點也不覺得享受，而是一直在忍耐，就失去誘惑的意義了。想要享受，就得變得殘忍，為了完美地誘惑對方，一定要變得殘忍才行。

像狐狸一樣狡猾的人（最近的男人似乎更像狐狸），其厲害之處不在於操縱對方，而是能輕鬆地無視對方的感情，並且殘忍地享受這一切。就像無視老鼠求情的貓咪一樣。

但很可惜的，雖然大家都想習得此一必殺絕技，卻沒人成功。因為我們在試圖誘惑對方的同時，也會表現出想呈現好人形象的「好人情結」。這個情結會毀了一切。你可曾看過貓咪想表現出善良的形象嗎？說不定正好相反。相較於貓咪的至高境界，人類還有得學了！

欲拒還迎的神境界

嘻嘻發情的頻率幾乎是一星期一次。

貓咪發情時，搖著頭、渴望疼愛與撫摸的模樣，相信只要養過仍保有本能的母貓的人應該都不陌生。從特別愛撒嬌轉為頂撞，撞一撞又變得軟趴趴。

身為唯一的母貓，嘻嘻既是家裡的局外人，也是煤炭兄弟（梅

和原子炭）的目標。

　　平時嘻嘻總是把煤炭兄弟當作低下的族人，覺得配不上身為女王的自己，而煤炭兄弟則是想著，總有一天要把這個沒禮貌的姊姊踩在自己腳下，這就是我們家的權力關係（不過這是在原子小金剛來報到之前的情況）。嘻嘻討厭其他貓咪的程度，就像古希臘哲學家第歐根尼[1]一樣，即使只是陽光被遮住都要喳呼亂叫，這樣的行為讓其他貓咪覺得很有趣，而且嘻嘻又是唯一的母貓。就因為這類像國小低年級生吵架一樣的幼稚理由，梅和原子炭每天都要欺負、騷擾或是偷偷招惹嘻嘻。嘻嘻總是叫到喉嚨都變得沙啞，而梅和小炭則是追著嘻嘻跑到腳破皮。

　　但是因為發情，登愣！這一切都反過來了！

　　本來，只要小炭和梅從眼前經過，嘻嘻就會發脾氣、揮拳攻擊，或是發出獅子吼，但是現在居然變成一看到牠們經過，就會抱過來舔，就算他們只是影子一閃而過，嘻嘻也會跑過去從脖子一把抱住，咻咻咻地幫牠們理毛。

　　之前老是喜歡惹嘻嘻生氣的原子炭，現在和嘻嘻對調了立場。面對一秒都不放過自己，一面哼哼叫著一面幫自己理毛的嘻嘻，原子炭整個嚇壞了。有時暫時躺下沉浸在自己的思緒裡，不知何時出現的嘻嘻居然跑來舔著自己的屁屁；為了躲避嘻嘻而藏身在偏僻的角落，突然間嘻嘻又像武林高手一樣無聲無息出現，像是要把舌頭鑽進耳朵裡一樣舔著自己的毛。「雖然嘻嘻難得不對我鬼吼鬼叫又不揍我，這樣也很不錯啦！但是再怎麼說，也不該是這樣啊！」原子炭以這樣的表情轉頭看著我。我心想：「報應啊，你這個笨蛋。偶爾也該換你被欺負一下。」我迅速地別過頭去。

　　因為這樣，原子炭終於忍不住開始鬧脾氣了。「呀啊呀呀啊，啊啊啊啊，唧咿呀啊。」煩躁地大鬧了一場。生平第二次出現的

獅吼功，現在也以連續技發出攻擊（之前原子炭曾對吸塵器發過一次怒吼）。以前我和男友抱起原子炭唱歌哄他，他還會忍耐個二、三十秒，現在只要一抱牠，馬上哼哼唧唧地鬧脾氣，寧願跑去獨處沉思。這一切都是嘻嘻造成的。

說不定，原子炭會覺得嘻嘻姊姊還是回到以前的樣子比較好，甚至回到每天因為騷擾嘻嘻而被我打屁屁的日子，也比現在好，再不然，那段因為欺負嘻嘻所以被我打屁屁，跑去廁所對著牆壁哇哇大哭的日子，也許都比現在這樣好呢！

但是，冷靜想想，也許嘻嘻根本沒有發情。

可能是過去被煤炭兄弟欺負時，每天和我一起躺在沙發上看《慾望城市》之類的愛情影集，某一天突然領悟到欲拒還迎的法則，下定決心要反擊，所以嘻嘻假裝發情，把過去對煤炭兄弟的怨恨一次做個了斷。貓咪的潛力再次讓人感到驚訝！

看到以前面對原子炭時，自己充滿憎惡的眼神和怒吼在原子炭身上重現，嘻嘻不但暗暗叫好，好像連排便都莫名變得比較順利。暗中看著這一切的我，雖然沒有說出來，但是內心深處卻覺得很痛快。嘻嘻的計畫真是成功、成功、大成功！突然覺得，捲成一團黏在我身上的嘻嘻真是不簡單。

當然，嘻嘻的表情卻是「媽媽，我也不想這樣，我也不知道我為什麼會這樣。身體和內心好像是分開的。我為什麼要趴在這些小鬼身上？而且沒有辦法起來。好像有什麼一直牽引著我。」究竟，這一切都是嘻嘻的計謀，還是折磨著她自己的悲哀本能之一呢？

我寧願相信這一切都是嘻嘻策劃的。Good Job ！嘻嘻。

成為世紀 heartbreaker 的方法

想擁有吸引眾人的魅力，方法很簡單：既 XX 又 XX。就這樣。既清純又性感，既可愛又優雅，既帥氣又謙虛，既好笑又有內涵。

「既 XX 又 XX」這樣的魅力可以濃縮成一個詞：「反差」。魅力的祕訣就是「反差」，這麼說並不為過。

嘻嘻非常了解這樣的魅力。不管是誰，只要見過嘻嘻，就會不知不覺把梅、原子炭、原子小金剛全都拋到腦後，變得最喜歡嘻嘻。純熟掌握反差魅力的嘻嘻，就像是魅力養成術中的標準範本。

看起來好像很冷漠但其實很親切；外表像冰山美人但熟識後其實很溫暖；好像很怕生但其實最和藹可親；似乎一天到晚在生氣，但卻擁有讓人聽了快融化的柔弱叫聲；對別人的事看似一點都不關心，心思卻最為細膩；腳步像烏龜一樣慢吞吞，但當我需要安慰時總是第一個出現；眼角下垂的表情看起來很哀傷，但仔細看就會發現閃閃發亮的雙眼。

簡而言之，嘻嘻最像貓。是我們家唯一「最像樣」的貓。幸好嘻嘻不是女人，這對全地球來說無疑是最幸運的事，否則男人們都將甘願為她而死。

魅力的祕訣就是反差，也可以說就像貓一樣。貓咪以誰都無法抵擋的「反差魅力」將人類玩弄於股掌之間。想成為世紀 heartbreaker，只要向嘻嘻這樣從裡到外，「貓」得淋漓盡致的貓界模範生學習即可。馬上報名，你也可以把全世界踩在腳下。

心胸寬大的一天

在原子小金剛來我們家之前，嘻嘻的個性其實很小氣，直到原子小金剛喚醒了她的母愛本能，讓她切換成慈祥媽媽模式。小氣鬼嘻嘻每個月大概只有一天會心胸寬大（當然是因為發情期。但是請先忘記這麼不浪漫、純粹從生物學解讀的原因）。原本只會待在同一個地方，動也不動地呼呼大睡，睡到讓人擔心會不會長出褥瘡，而且會對所有經過的貓咪鬼吼鬼叫。但是到了這一天，原本恰北北的嘻嘻便消失得無影無蹤，變得老愛整個身體貼著我，不睡覺也不休息，呼嚕呼嚕個不停。不管我去哪裡都要跟，而且一旦對上視線，她就像頭被「咚」地撞到一樣定住，深情地看著我。就算抓住嘻嘻的手玩剪刀石頭布，她也沒有半句怨言。

看著她這副模樣，我忍不住心想：「妳這丫頭也會有這一天啊——」不禁感到有點兒於心不忍。嘻嘻整個靠在我身上，眼神充滿哀傷，雖然我想假裝冷淡，但一想到她也很孤單，不免感到可憐，不過下一秒，我就為了格外溫馴的嘻嘻可以任人揉捏而興奮不已。揉揉揉，捏捏捏。

女生可以決定拋下個性和堅持，每個月放任自己小氣幾天，難道就不能決定要大方一天嗎？這不公平。

所以我決定效法嘻嘻，每個月選一天，放下面子、拋下自尊心，毫不修飾地盡情散播愛吧！因為不想輸給對方而隱藏起來的愛似乎還不少，這些珍藏起來的愛千萬不要丟掉，只要一天就好，就這一天，盡情地去愛，愛到讓人覺得妳是不是瘋了吧！

誤會的餘地

貓咪從不解釋。即便如此，也不能以為自己可以透過人類的想法理解他們而感到自滿，從此飽食終日，無所事事。很多時候，保持任人自由解釋的餘地，留下可能發生美好誤會的空間，不要太用力地說明，反而比較好。特別是戀愛的時候。

嘻嘻睡覺的內幕故事

暌違許久之後，嘻嘻公主殿下再度以羽毛帽把自己打扮得如花似玉。

但是卻找不到像樣的王子。

只有神經兮兮又黑漆漆的傢伙，還有華而不實，眼睛大得連蒼蠅都會感到震驚的傢伙而已。

所以嘻嘻公主殿下把羽毛帽拋在腦後。

「帥氣的王子出現，以親吻喚醒公主……」

這種天真爛漫的童話情節，嘻嘻絲毫不抱期待，下定決心在自己專屬的宅配紙箱裡呼呼大睡。

嘻嘻公主可是很聰明的。

不會被王子乘著白馬前來拯救公主，這樣老掉牙又政治不正確的故事所惑。

話雖如此，卻又因為沒有辦法安慰空虛的心靈，嘻嘻公主殿下只好一天睡二十小時，這真是個悲傷的故事。

啊，多麼令人心碎啊！

嘻嘻公主的悲傷故事，劇終。

這個流傳已久、讓人聽了心頭暖暖的、似童話又不像童話的奇妙故事，給予我們許多深刻的教訓，特別是因為孤單太久而遲早會出事的你，一定要仔細傾聽並且銘記在心才是。

為了你，我特別把這個教訓的精髓整理成一句簡單易懂的人生箴言，那就是：

「三更半夜不睡覺會造成他人困擾。像嘻嘻一樣乖乖去睡覺！」

附註 ——————

1. 第歐根尼（Diogenes），古希臘哲學家，犬儒學派的代表人物。傳聞第歐根尼正在曬太陽時亞歷山大大帝前來拜訪，亞歷山大詢問第歐根尼能夠為他做些什麼，第歐根尼回答道：「不要擋住我的陽光。」

尾巴獨立生命體理論

貓咪尾巴是單獨的生命體，只不過寄宿在貓咪身上生存，這絕對是顯而易見的事實。

相信果蠅自然發生理論的我和幾個朋友，同樣都信奉「尾巴獨立生命體理論」。想要印證這個理論，只要觀察年紀還小的貓咪，或是像原子炭一樣僅是虛長年歲，卻還像小孩一樣的瘋狂貓咪就能發現。不過，在已經長大有了心計、對世間萬物失去好奇心的貓咪身上則比較難發覺。尾巴們把自己隱藏得很好。

尾巴這傢伙的個性不好對付，通常在舒服寬闊的地板或床上時並不顯眼，只有在又窄又高的貓塔上、馬桶上，或是書櫃最上層這類令人膽戰心驚的地方才會悄悄現身。由此可以判斷，尾巴具有把宿主貓咪逼入險境的本性。在貓塔上倒還好，若是在馬桶上（當然是指水箱平台上）和尾巴談判，就必須承受可能會掉進水裡的風險（原子炭兩次在馬桶上抓尾巴結果掉進馬桶裡的故事，暫且按下不表）。

昨天原子炭洗了澡，全身溼透的尾巴怪罪原子炭沒有阻止被抓去洗澡這件事，勃然大怒之下，讓原子炭在四十分鐘內像風車一樣為了抓住尾巴不停地旋轉，中間只短暫休息了兩、三次。重點是還抓不到。我想幫忙讓尾巴消氣，拿出吹風機把原子炭吹乾，結果卻徒勞無功。原子炭為了抓住尾巴這忘恩負義的傢伙，轉啊轉地轉個不停，一直轉到尾巴累到氣消了為止。

相反地，超過五歲的嘻嘻和梅，肯定已經暗中和尾巴這傢伙商量過了。尾巴視宿主貓咪為偶爾會幫自己理毛的大師，絕對不會折磨宿主。但在相同的條件下，原子炭似乎還沒有進入雙方談判停戰的階段。尾巴總是以全身的力量來抗拒原子炭的舌頭，而原子炭也沒打算進行協商或和解，一心只想抓住尾巴這小子好好教

訓一頓，讓尾巴嚎啕大哭。

這場戰爭至今仍然持續，原子炭可能得再掉進馬桶裡，一面掙扎一面用馬桶水洗個幾次澡，戰事才可能結束。究竟，原子炭還要再被既沒眼睛也沒鼻子的尾巴瞎整多久，我也不知道。看來原子炭得學著好好相處的對象，不只嘻嘻和原子小金剛。

唉，原子炭距離成熟貓咪的世界似乎還很遙遠。

門開著就要一探究竟症候群

從沒有幾扇門的舊家搬到現在房門數量多出一倍以上的新家後，我們家貓咪的宿疾同時也是不治之症的狀況，變得更嚴重了。

「門開著就要一探究竟」，就是只要門敞開著，如論如何都要進去看看，這點可說是世上所有貓咪都有的執念。在我們家，原子炭的症狀最嚴重，梅也有輕微的症狀。硬把頭往門裡塞，稍微看一下就好，這算是症狀較輕微的。小炭和梅的嚴重程度差不多，僅有些微頻率上的差距。總之，只要門開著一定要進去看看。

不過，小炭已經超越了「看到打開的門就要進去」這種被動階段，現在已進階成自己打開一、兩個抽屜也稀鬆平常的等級。小炭的力氣很大，只要單手就能打開抽屜，無論是沉重的窗戶還是其他任何有門的東西，一個都不放過。即便碰到自己打不開的門也非要征服不可，這個詭計多端的小子會緊緊跟在人類後面。因為他知道，只要人一移動，就是有個打算要去的地方或是想找的東西，一定會打開幾個門。

所以，每當我在廚房準備餐點時，原子炭就顯得特別忙碌，因為行動如果不夠敏捷，就會錯過一、兩個開著的抽屜或門。現在除了一般的門和抽屜以外，就連烤箱和洗衣機也都被貓咪們征服了。

「門開著就要一探究竟症候群」所造成最嚴重的狀況，莫過於

沒注意到貓咪在裡面就把門關上了。短則幾分鐘，長則一整天，貓咪就這麼被關在裡面。如果早上進衣帽間換完衣服後就關上門外出上班，貓咪就會被關在衣帽間裡一整天，不僅得餓肚子，連廁所都不能上，必須等待主人回家才行。擔心嗎？很抱歉，一點都不需要擔心。放下擔憂吧！讓我們重新回想貓咪那種順勢而為、隨遇而安的心態。既然門被關上了，哪裡都不能去，不如趁機好好睡一覺，大睡特睡。特別是被關在如衣櫃之類狹窄、黑暗、柔軟的空間裡。因為這對貓咪而言，根本是不輸給馬爾地夫奢華度假飯店的睡覺天堂。徹底的「Hide away」！

　　結果往往就像這樣，找不到貓咪的我們驚慌失措，扯開喉嚨大叫貓咪的名字，自責不已地焦急尋找睡得正香甜的貓咪，這種事情一星期總要發生個幾次。但無論它重複發生多少次，我們還是無法立刻想到「牠一定是躲在哪裡睡覺」。一心擔憂著「該不會……該不會……」就算腦海深處知道牠可能躲在哪裡的第三個抽屜之類的，還是會不放心地從一樓到屋頂整個找過一遍才行。我想，貓咪肯定是靠我的擔憂來過活的。事實是，會因為「門開著就要一探究竟症候群」而感到痛苦的，只有人而已。是的，透過「門開著就要一探究竟症候群」，再次驗證了世上沒有任何事情可以難倒貓咪。

方便的舌頭

流理台水槽裡有個小醬料碟忘了洗，裡面殘留少許用來沾楤木芽和氽燙章魚用的酸甜辣椒醬，我就是因為這件小事而給自己種下了禍根。為了擁有鐵胃什麼都要沾來吃吃才過癮的原子小金剛，還有半夜會在家裡閉著眼睛盲目狂奔的超級戰警原子炭，我習慣不留任何東西在水槽裡或餐桌上，可是這天我竟然忘了那個小碟子的存在。早上起來一看，辣椒醬果然被某個傢伙踩到灑了出來。從水槽到地板布滿了鮮紅色又發出酸味的貓咪腳印。雖然有點懊惱，但因為腳印實在太可愛了，不禁噗哧笑出來，隨即開始搜索犯人（世界上真的沒有半隻貓咪能讓我生氣）。

把貓咪一隻一隻抓來檢查腳底，結果完全找不到任何證據。這麼辣的辣椒醬，竟然可以舔得乾乾淨淨，連一點辣椒粉或是一根染成紅色的毛都沒留下。當我一面笑著，一面驚嘆貓咪怎麼有辦法吃乾抹淨到這種程度時，原子小金剛的後腦勺突然進入我的視線，上面的毛沾到紅色的酸甜辣椒醬，糾結成一團，味道聞起來也酸酸甜甜的。哈哈哈，分明是被沾到酸甜辣椒醬的腳掌一掌打下去的。看樣子，兇手果然是原子炭，因為只有他會以這樣的方式揍原子小金剛。這麼一來輕而易舉證明了犯人就是原子炭。

貓咪怎麼能把那麼辣的辣椒醬舔得乾乾淨淨?!我雖然感到驚訝，但回想起來，他們連小菊花都在舔了不是嗎？不管怎麼說，我想貓咪在舔東西時，應該可以關掉舌頭的味覺開關吧？把開關關掉，打開，關掉，打開。那麼拜託（雖然應該不會聽），我餵藥的時候，請關掉開關吧！難道沒看到每次餵你們吃藥時留在我手臂上一道道像勳章一樣的傷口嗎？

貓咪和男人 1
貓咪比男人成熟

　　只要把小炭或是梅抓過來抱緊，1、2、3，僅僅忍耐三秒就會變身成為不耐煩炭和不耐煩梅，把所有不耐煩毫不隱藏地表現出來（如果是狗的話，就會叫著：「我要死了，我要死掉了！」嗯嗯嗯嗯地哀哀叫；但是貓咪則會喝叱：「還不快把你的髒手拿開！」）扭動全身逃走，大發脾氣跑得遠遠的。但是，1、2、3，再數三秒，就會在原地轉身往我這邊跑過來，難為情地把尾巴纏繞在我腿上。「抱歉對妳生氣了，但是我不喜歡這樣被抱著。」耐心地說明並道歉。

　　拿出罐頭。即便是不合口味的罐頭，貓咪也會雙眼閃閃發亮地纏著我，要我快點打開。這一幕真的會讓拿罐頭的人感到人生充滿了意義。打開之後，貓咪會誠心誠意地聞聞看。即使是上次一口都沒吃、原封不動剩下的罐頭，貓咪也不會看一眼到就現實地轉身離開。最少也會在我看著他們的期間，坐在盤子前假裝很有興趣地觀察。雖然不合口味，有時也會吃一點意思一下，算是給我留點面子。

　　因為太憂鬱而拿出帕布羅・卡薩爾斯[1]的黑膠唱片，以最大音量播放後躺在床上。每當這種時候，四隻貓咪全都會跟進來，靜靜坐在我的手臂下方，看過去頭頂若隱若現，像是說著：「沒有想要煩妳的意思，但我們也不會放著妳一個人不管。」一面默默地偷瞄著我。貓咪是高明的安慰大師，總是裝作沒有看到，明明不忙卻又裝得很忙，但又不會轉過身不理你（雖然把整個世界翻過來也找不到能讓貓咪忙碌的事）。偶爾情緒爆發，嗚嗚嗚地嚎啕大哭，貓咪也會不動聲色地靠過來坐在你身邊。朋友的貓咪鈴鐺會在她哭的時候靠過來，把前腳「深深地」放在我朋友的手上面。但是，當女人嚎啕大哭時，有足夠膽量靠近並且做出這種深

情動作的男人卻一個也沒有，朋友說道。

　　貓咪比成年男人更成熟可靠。所以我身邊有四隻成熟的貓咪和一個男孩。加上貓咪至少不會在需要媽媽的同時又說需要戀人，也不會把媽媽和戀人混為一談？

　　啊啊，說了我男友的壞話。
　　對不起。

　　啊啊，也說了全天下男人的壞話。
　　對不起。

　　喔，對了，貓咪甚至成熟到只要該做的事情做完就會放下恩怨，不再追究。

貓咪和男人 2
貓咪和男人都像小孩一樣

　　早上回家時發現，昨晚貓咪們趁我不在時玩瘋了的痕跡原封不動地保留了下來。被扯出來的衛生紙、散落一地的逗貓棒和玩具鼠，地上到處都是我的髮帶，誰和誰打了一架後毛球糾成一團滾來滾去，還有不知從哪兒翻出來被撕爛得只剩下包裝紙的肉乾。男人好像也玩瘋了。打開的泡麵包裝袋、雞蛋殼、殘留在水槽裡的泡菜湯、亂放的遙控器、散落一地的靠墊。這裡也有杯子，那裡也有杯子，可樂瓶放在零食包裝袋上。為什麼都沒有人收拾整理呢？默默按捺怒火，把東西一樣一樣物歸原處。收拾告一段落才正要念一下，貓咪和男人就把眼睛睜得圓滾滾地對我說：「我怎麼了？我怎麼了？妳不在好無聊。妳去哪裡了？去哪裡了？」開始裝無辜。我說了什

麼一句都沒在聽，只顧著說自己想說的話，嘟嘟囔囔地訴說委屈。明明已經長大的貓咪，還有已經是個成人的男友，突然又變回小孩了。年紀越大越像小孩，越來越愛撒嬌，牢騷也越來越多，尤其臉皮也變得越來越厚。臉皮越厚越像小孩，一下要我拍打屁屁，一下又要我搔背；一會兒要我打開罐頭，一會兒又要我煮泡麵。只吃好吃的東西，對身體很好但不可口的食物，一放進嘴裡就馬上吐出來。

貓咪和男人什麼時候才會長大呢？可以期待他們變得成熟一點嗎？年紀越大越像小孩的貓咪，還有年紀越大越像小孩的男人。唉，也許正是因為這樣，所以生育率才變得越來越低吧。

啊啊，說了我男友的壞話。
對不起。

啊啊，也說了全天下男人的壞話。
對不起。

喔，對了，貓咪和我男友都討厭洗澡。

貓咪和男人 3
男人比貓咪……

前面「貓咪和男人 1、2」分別說了我們家貓咪比男人更成熟的理由，以及貓咪和男人都像小孩一樣的故事。現在該來說說男人比貓咪好的部分了。
但是，
有這種事情嗎……

貓咪睡十六小時的理由

貓咪一天花三分之二的時間在睡覺，相當於十六個小時。原子炭差不多睡十二個小時，嘻嘻則是睡十八個小時。假設貓咪的平均壽命是十五年，算起來有十年會在睡夢中度過。靜靜看著牠們睡覺的樣子，有時候會懷疑牠們真的是在睡覺嗎？該不會其實根本就沒睡而是失神？不管握手、搓揉手掌、拉扯鬍鬚、就算把頭髮放進鼻孔裡搔癢，連頭也不動一下。與人類完全不同層次的睡眠。不，這根本已經是靈魂出竅的境界了。現在嘻嘻正好睡在我旁邊，嘻嘻的「靈魂」該不會正從身體跑出來，輕飄飄地浮在天花板某處看著我吧？

我一直覺得他們可能不是真的在睡覺，只是假裝睡著了，實際上卻丟下身體跑到別處玩了。貓咪精明得很，不可能浪費十年的光陰來睡覺。應該是先裝睡，然後到其他地方度過這十六個小時。也許嘻嘻在那裡已經結婚生子了，一路小心翼翼地帶著孩子，是個就連小孩打個噴嚏都會手足無措的媽媽。（因為嘻嘻對原子小金剛就像對待自己小孩一樣又咬又吸的，讓人很難不做如是想。）梅則是那個世界裡最受歡迎、最可愛又完美的同性戀貓，窗戶上還掛著彩虹旗。而原子炭毫無疑問會是風靡萬千少女貓的壞男人貓。

不不不，也許待在這個家只是他們的工作。隨便和我玩一玩、裝裝可愛就是工作的全部內容。偶爾賣萌或是讓我焦急不安是那個月的額外福利。每天只工作三、四小時，然後開始裝睡，這時就可以下班回家了。

「媽咪，最近公司為什麼這麼忙？到底要工作幾個小時呢？」

「嗯，公司最近正在舉辦喬遷派對，常常有客人來拜訪，沒辦法回家。根本沒有時間睡覺。」

哎喲，原來貓咪是一週七天、一年三百六十五天都要工作，沒有假期也沒得休息的上班族啊！

那個世界究竟是怎樣的地方？到底有多好？以至於一天要花十六個小時待在那裡，真有那麼好的話，也帶我過去看看嘛！雖然不曾把正在過馬路的貓咪王子從鬼門關前救回來，但我也為貓咪做了不少好事啊！曾經幫迷路的獨眼貓找到主人，也會餵社區裡的流浪貓咪吃飯啊！

不然這樣吧，我會對你們更好一點，改成每天兩邊各待十二小時如何？還是，我再多給你們一些裝有貓薄荷的小袋子？打個商量好不好嘛！

貓咪超好命

不是「對牛彈琴」而是「對小貓咪彈琴」；不是「神出鬼沒」而是「貓出鬼沒」。像這樣把主詞換成貓咪反而更貼切的成語，如果要再加一句，應該就是「狗命乃好命」[2] 了。

但是狗命絕對不好命。又要搖尾巴（認真搖到尾巴都快斷掉），又要扯開嗓門大叫（一副要把對方叫到消失不見的氣勢），想做什麼事情還要表現出很興奮的樣子（一說要去散步，就高興得像要跳到月亮上一樣），成天得擺出一副開朗的表情（完全無法想像世上會有憂鬱的狗）。狗狗要做的事情這麼多，到底哪裡好命了？

貓咪不叫，也不搖尾巴，更不需興奮、不用高興，全然無視於世人世事，只要躺著就可以了。就算整天無所事事也不會有人說什麼。雖然我躺著什麼都不做也不會有人說什麼，但我自己心裡會過意不去，苦惱著這樣浪費人生真的可以嗎？但是，絕沒有貓咪會煩惱「可不可以像這樣一直躺在沙發上浪費貓生」這種問題的。

人們都不知道。

貓命才是真好命。

因時制宜的貓咪

（和來我們家玩的朋友之間的對話）

你說你們家有四隻貓咪，怎麼一隻都看不到？任誰看了都會以為家裡沒有貓咪吧！

喔，有人在的話就不太會出來。

該不會連對妳都這樣吧？

當然不會囉！有客人在的時候貓咪們就裝害羞，等到只有我一個人時就會緊緊黏著我。煩得要死呢！（心滿意足的微笑）

啊，貓咪什麼時候想出來、什麼時候不出來，還分得真清楚呢！真是懂得因時制宜。

是的，看起來好像隨便又懶散的貓咪，其實深諳「因時制宜」的智慧。

（如果你也能夠這麼想，每天都會過得很幸福。）

只要人類看書就坐在書上

你知道嗎？要成為一隻像樣的貓咪必須遵循諸多守則，其中對人類來說最煩，但對貓咪而言卻最重要的是第十四條「只要人類看書就坐在書上」。這條守則出了名的舉世皆知，連想問人家知不知道都會有點不好意思。

這項守則項有數以百計的附加應用，舉幾個例子來說，大概有以下幾種：人類在使用電腦時就坐在鍵盤上、在看電視時就坐在電視機上垂下尾巴，恰到好處地遮住螢幕正中央、在畫畫時就坐在畫紙上、在化妝時就占據鏡子前方、在摺衣服時就坐在衣服上、人一坐在書桌前貓咪就會坐上書桌、如果要去廁所貓咪就會先占領馬桶。有沒有這麼會猜測別人的心思啊！無論是書、書桌、馬

桶、床鋪、電視、素描本、鍵盤、筆電、剛打開的冰箱，瞬間就被貓咪占領了，這個家裡還有屬於我的東西嗎？有屬於我的空間嗎？我在這個家裡有辦法真正獨處嗎？

今天也是，一坐在書桌前，梅就瞬間出現在眼前，全身伸直趴了下來。完全無視於別人的臉色，連一點猶豫都沒有。

像是在說：「我從剛才就一直在這裡了喔！」

就算親眼見到他明明比我晚才過來躺在面前，他也一樣厚臉皮，完全不在乎。「吼喲，很煩欸！」嘆口氣下定決心要開罵，躺在面前的梅卻突然眨了一下他那蔚藍如海洋般的水汪汪大眼，原本要開罵的念頭瞬間一掃而空，不由自主地開始揉起梅那圓滾滾、可愛到不真實的小腳。當然，原本想要做的事也忘了做。聽說漫畫家都跟貓咪一起生活，雖說貓咪是交稿期限的天敵，但同時也是很好的藉口。「漫畫家的必備好物：貓咪。即使超過交稿期限也能讓您安全 Pass。」就像這類廣告詞似的。

看著躺在書桌上磨蹭我的書、打個哈欠嘴巴張到都快裂開的梅，我不禁這麼想著。這小子，都這麼寵你們了還覺得不夠嗎？所以要嫉妒筆電、嫉妒書本、甚至要嫉妒洗好的衣服嗎？

「只許看我，只能看我一個。」是這樣嗎？

「只許看我，只能看我一個。妳只准看著我。」

我想通了！原來如此！

貓咪守則第十四條的意思就是「獨占注意力」。就算只是用到一半的電腦或是不起眼的報紙一角，也要把人類放在那上面的注意力搶過來。但是當我對戀人嚷著「只許看我，只准看著我」時，卻只會受到冷漠指責，被質問「妳為什麼這麼任性」。讓我不自覺地喃喃自語：「無論對方再怎麼愛你、疼你，也無法接受你的任性妄為。到底貓咪讓人拿他們沒辦法的祕訣是什麼？」面對仍然躺在書桌上的梅兒子，只能替他慶幸：「幸好你是貓咪。」

五點的貓咪

　　無論穿透進來的一絲絲陽光有多麼微弱，貓咪也不會放過。任憑透進來的陽光一點一點吞沒自己的身軀，貓咪會用全身來告訴你：「外面有個東西叫做陽光，這陽光真的很明亮、很美麗。」尤其是看著嘻嘻那一身反射著黃昏時金黃光線的絲絲毛髮，以及變成透明寶石般的琥珀色雙眼時，對陽光之美的讚嘆更是深刻。嘻嘻是下午五點的貓咪。最適合下午五點的陽光。為了讓我們不錯過一天中最美麗同時也最短的時刻，貓咪一定、一定會在黃昏日落時坐在窗邊。

貓咪成熟的證據

　　雖然現在散發出腦袋空空的中年大叔味道──但實際上還沒有滿一歲──我仍然無法忘記原子小金剛第一天來到家裡的模樣，那時他只有我的手掌那麼大。那麼小的東西，磨磨蹭蹭地，連貓叫聲都還發不太出來，被毛巾包裹著來到我們家。我心想「這真的是貓咪嗎？」仔細地看了又看，雖然眼睛、鼻子、嘴巴、耳朵、鬍鬚、手、腳都是貓咪的樣子無誤，但整體看起來真的太不像貓咪了，就只是一團小毛球。當時一心想著他什麼時候會長大成貓呢？不知為什麼，總覺得有點懷疑。

　　就這樣過了幾個小時後，原子小金剛終於微微顫抖著動了起來，踩著沙發的扶手倏地站起。我才發現原子小金剛那條十足像貓咪的尾巴，直到那時才認同他真的是隻貓。

　　去掉了尾巴的貓咪還剩下什麼呢？
　　覺得我煩、叫我滾遠一點的東西是尾巴（啪啪啪地快速拍打地

面。心情越差，啪啪的聲音越大，拍打的速度也越快）；對我示好、纏在我腿上的東西也是尾巴（無聲無息輕輕地靠過來，假裝只是路過，卻在最後一瞬間悄悄把尾巴纏繞在腿上）；而為貓咪的高傲態度增添畫龍點睛之效的，也是舉得像天一樣高的尾巴；讓貓咪看起來儀態端正的，也是坐著時捲成一圈的尾巴。正是尾巴，讓貓咪變得更完整。

征服地球用貓咪

每當工作一段時間後突然回頭，總會發現原子炭坐在那裡。不知從什麼時候開始就坐在那裡。一對上視線，就會一面問你在做什麼，一面一聲不響地靠過來偷偷撒嬌。

如果我沒有主動找牠，就不肯自己過來嗎？或是因為被發現後感到不好意思，才說「其實我本來就想過去啦」，以這種善於打圓場的貓咪美德來安撫我呢？抑或是為了征服世界而執行任務，在觀察地球人的表現後，以撒嬌來征服人類的戰略之一呢？

外星人為了征服地球到底該用什麼方法煩惱了許久，終於找到最容易被接受，而且傳說中會讓每個人都變得幸福的動物「貓咪」，於是將他們送往地球。偶爾我會真心相信這個想法（跟我一樣這麼想的人很多）。真的，一旦深深愛上貓咪，就算把地球賣掉換麥芽糖吃也毫不在意。不管是把杯子打破、吐在被子上、家裡到處都是貓毛，甚至把腳放進我嘴裡都不會生氣。這樣慢慢地提高人類對他們的容忍和寵愛，毫無疑問，總有一天這些傢伙一定會征服地球。而且眼看著這一切發生的我們，也許只覺得理所當然。

早上撒嬌的祕密

　　貓咪的另一項專長是身兼鬧鐘。每天總會在同一時間把人叫醒，一次也不失誤。如果像我一樣養了兩隻以上的貓咪，還附有貪睡功能。在把我叫醒之前絕不會疲倦，非常固執。結果每次投降的都是我，認命地起床，還比一直被貓咪打斷睡眠來得好。叫人起床的方法也五花八門，每隻貓咪都有自己的一套。而這些方法唯一的共通點就是，貓咪必勝！

　　嘻嘻老是踩我。只踩在心窩和肚子上，讓人不得不倒抽一口氣。用力踩、拚命踩、扎扎實實地踩在我身上。不知嘻嘻是否踮著腳踩，總之她踩起來特別痛。當嘻嘻忙著認真踩我時，原子炭則在我面前占好了位置，在臉上摸索一陣之後，咻地把手放進我的嘴裡。啊呸呸呸！分明是早上剛大完便就直接把手伸過來，差點讓他得逞。光用手仍無法滿足時，原子炭就會把舌頭伸進我的鼻孔裡，令人難以忍受。梅兒子則是會抓棉被，好像自己也想要蓋棉被一樣，蠢蠢欲動地翻著棉被，完全無法了解他在想什麼。原子小金剛會爬上我的胸口坐下，就算我側躺著，也會爬上我的腰側坐下。被我們家最重的原子小金剛一屁股坐下去，根本無法呼吸。遭遇這樣的攻擊，就算是熬了三天三夜好不容易才睡了兩、三個小時，也不得不起床。

　　包裝成愛情的攻擊，其實是嚴酷的拷問啊！完全無視於我的求情，貓咪絕對是世上最冷酷、最殘忍的鬧鐘。

　　這個讓人毫不懷疑想給一百分的鬧鐘卻有一個大缺點，就是你無法自己調整時間。時間是由貓咪決定的。運氣好的人可以得到上天賜予的「七點鐘貓咪」，運氣不好的話會變成「五點鐘貓咪」。謝天謝地還好他們不是「四點鐘貓咪」。

　　即便如此，對想要感受貓咪愛意的你來說，每天早上的撒嬌還

是很大的安慰。不管孩子們想要吃飯、向你討摸摸，或者只是單純想煩你，總是能夠盡情享受孩子們的撒嬌（雖然前提是即便孩子們把毛手伸進嘴裡也得當成撒嬌才行）。是唯一可以豪氣地說出「這樣撒嬌就夠了」的時刻。

　　幾乎每隻貓咪都配備「鬧鐘」這項基本功能。但你可曾想過，「為什麼貓咪會有這種功能嗎？」我就想過。還真的沒有什麼原因。我想，或許是什麼事都不做的貓咪也有良心，覺得再怎麼懶也得做點什麼吧，可是一想到要做事又覺得很煩，所以既然要做就一次集中做完，結果就變成這樣了。心裡盤算著早上集中一次做完就不用再費神，可以軟綿綿地度過一整天。越深入相處，越覺得貓咪真是可惡的傢伙。

附註────────

1. 帕布羅 卡薩爾斯（Pablo Casals，1876-1973）西班牙大提琴家，作曲家，指揮家。
2. 狗命乃好命（개팔자는 상팔자）韓國諺語，古時疲於奔命的人用於感慨自己的命不如悠閒自得的狗。

失眠症處方箋

病名：惡性失眠症。

症狀：不管用什麼方法都睡不著。

處方：長大的貓咪一隻，年紀越大效果越好。

推薦梅或是嘻嘻之類的貓咪，但原子炭和原子小金剛之類的貓咪絕對要避開。

用法：在希望就寢的時間約五分鐘前哄貓咪睡覺。

哄貓咪睡不難，因為他們一天到晚都在睡覺，非常擅長。如果你準備的貓咪比你早睡著，就躺在那隻貓咪旁邊。此外，一開始就在床鋪附近哄貓咪入睡也是此法成功的祕訣之一。凝視貓咪睡著的臉龐幾分鐘，不知不覺就會跟著睡著。無法抵抗。

副作用：非睡眠時間要遠離睡著的貓咪。

因為使用此方法時，不管白天還是晚上，任何時候都很容易入睡。

注意事項：哄貓咪睡覺前要先充分餵食。如果不這樣做，清晨四、五點就會被吵著要吃飯的貓咪從甜睡中叫醒。

維持體重請愛用貓咪

只要我一起身，孩子們就知道我要去哪裡。不知道他們究竟是從我的眼神、呼吸聲、氣味，還是從什麼地方看出來的（或是透過植入我腦海裡的貓毛遠距回報），總之，貓咪就是如此神機妙算。「貓咪」總是離不開「像鬼／神一樣」這樣的形容詞，如果讓人知道牠們是從哪裡看出來的話就不叫貓咪了，正因為完全無從得知牠們是怎麼看出來的，所以只好放棄。

只要一越過廚房和木地板之間的警戒線，貓咪們就會像老虎獵捕梅花鹿似地，全速跑過來占據流理臺上方和底下的位置，再用

號召力強大的眼神和近似老虎吼聲的貓叫聲命令我打開罐頭，身為心智軟弱、無自主能力的女傭，我也只好像剖開梅花鹿肚子一樣打開罐頭，趕緊獻給貓咪。不知何時開始就服務起貓咪來了，而且對此毫無自覺。我也不知道為什麼會這樣，連自己雙手做了什麼事情都不自知。

嚼嚼嚼，看著吃個沒完的毛孩子們，我壓根兒忘了一開始是為了什麼而越過那邪惡的廚房警戒線，看著你們吃完我也就飽了，帶著媽媽微笑回到沙發坐下後，在腦海裡反覆播放剛才的可愛畫面，反覆播放，反覆播放。那是自從養了嘻嘻以後，過去五年間反覆播放數千萬次的畫面。回來坐了好一陣子後才想起來，剛剛是為了要做炒蛋三明治來吃才進去廚房的。

但是過了那個 timing 已經懶得做了，不如就算了吧！啊，腦子靈光一閃，我又想到了！原來貓咪是擔心日漸肥胖的我又大吃大喝才這麼做的啊！看我打算要吃零食，於是開始行動好徹底抽離我的精神，讓我忘記食慾還有其他事情。

就這樣，今天這個愚蠢的女孩再度因為貓咪大人的照顧而感動地流下眼淚。再一次，貓咪是對的。這個恩惠何時才能回報啊。

貓咪諮商室

Q：我們家的兩隻貓咪每天晚上都在家裡橫衝直撞。一轉眼已經一歲多了，但只要一到晚上還是會哐啷哐啷的，吵得人無法睡覺。就連昨天晚上也被吵醒三次左右。如果關起門，又會吵著要我開門，所以連門也不能關。有什麼好方法嗎？

Q：我們家貓咪不知是不是太懶惰了，都不洗臉和理毛。甚至連

彎下身子或低下頭都不願意，只清潔比較方便理毛的手而已。這麼懶惰又討厭洗澡，有什麼好方法嗎？

Q：我們家貓咪嗯嗯完後絕對不會用貓沙蓋起來。好像要叫我看一樣，在便盆正中央大便之後就拍拍屁股走掉放著不管。之後自己又在便盆前質問「怎麼沒有用貓砂埋起來，廁所好髒喔！」然後自顧自地生氣。大家都說貓咪本能知道該怎麼做，為什麼他會這樣呢？有什麼好方法嗎？

Q：我們家的貓咪只喝我倒在杯子裡自己要喝的水。不只用嘴喝，還用手去沾。因此我常常要倒兩次水才喝得到。有什麼好方法嗎？

Q：我們家的貓咪也是女生，但只要看到女生就會打人。特別是身材嬌小或是纖瘦的女生，不只無視她們，還出手打人。因為這樣，我們家根本無法招待女性客人。相反地，只要男生一來就樂陶陶的，使出渾身解數撒嬌。有什麼好方法嗎？

Q：早上睜開眼睛，我們家的貓咪往往屁股比臉還先頂過來。這應該是牠撒嬌的方式，想要我拍牠的屁屁所以才這麼做。但是那裡偶爾會沾著一些大便，看樣子是早上嗯嗯完就直奔而來。一起床就聞到貓咪大便的味道實在太痛苦了，有什麼好方法嗎？

Q：只要一躺下睡覺，我們家貓咪就會靠過來舔我的頭髮。早上起來一看，頭髮全都沾著貓咪口水黏在一起，比被牛舔過還慘烈。每天早上頭髮都溼答答、黏呼呼的，甚至連分線都換邊了，有什麼好方法嗎？

A：……完全沒有。請忍耐。

心思細膩的貓毛用途

貓咪的一切都是謎，就連貓毛也是個謎。和朋友喝酒認識的一位姊姊說，有一天打開新買的果醬，卻在裡面發現了她們家貓咪的毛，「究竟是怎麼出現的？連這裡也有？什麼時候跑進來的？」這些話宛如理所當然的修飾語一般，如影隨形地跟著這些貓毛深入每個地方。在房間地板上滾來滾去，像拉斯維加斯沙漠裡乾枯藤蔓一樣的貓毛，反而讓人心存感激。因為只要撿起來丟掉就可以了。

可怕的傢伙另有其人，就是黏在所有地方的貓毛。像是以九十度角豎立在我毛衣上的梅的硬挺貓毛，或是無法了解為什麼會跑進鋼筆墨水管裡的原子炭漆黑貓毛之類的。下定決心用抹布打掃，結果別說會變乾淨，根本只是把貓毛黏在抹布上換個地方繼續待著而已，只能毫不留戀地把抹布丟進垃圾桶，放棄打掃。用抹布擦冰箱，結果冰箱反而被貓毛覆蓋占領的故事，在貓毛界已經像晨間連續劇一樣老掉牙了。

但是，大家是否知道，這煩人的貓毛裡也蘊藏著貓咪的恩惠呢？

因為宿醉而在清晨六點睜開眼睛，嘴唇乾裂、頭暈得有如天旋地轉一般，抓了杯子走去飲水機前倒水。咕嘟、咕嘟、咕嘟，像是在沙漠中落難終於獲救似的，急急忙忙拿起杯子就往嘴裡送，結果看到杯中猶如被置於放大鏡下，跟晾衣繩一樣粗的毛。分明就是嘻嘻、原子炭、還是梅兒子（不可能是瘋瘋癲癲的原子小金剛），也可能三隻貓一起，由於擔心酒還沒有醒就急著喝水的媽媽因為狂飲而嗆到，所以照著不知道從哪裡聽到「將柳葉放進水瓢裡獻給皇上的少女」[1]的故事，有樣學樣地把貓毛放進杯子裡。

貓咪心思細膩。以人類的腦袋試圖理解貓咪的心思根本不可行，因為實在太細膩複雜了，至今仍難以理解。

是啊，還在為貓毛生氣的你在知道這個祕密後，從今天開始，每當看到杯子裡的貓毛，也會為貓咪的恩惠而感動得熱淚盈眶。

　　和貓咪在一起就得過這樣的生活。領悟到每件事情都是貓咪的恩惠（或是成功地說服自己），從那一瞬間開始，你才真正取得貓咪同居人的資格。

　　「貓咪很會掉毛嗎？」面對朋友這樣的問題，你要怎麼回答呢？如果放棄解釋，僅以沉默搖頭來代替回答，你就是個失格的同居人，是我們貓咪同居人之恥！

自尊心的要領

　　原子炭的撒嬌很魯莽，毫無顧忌，完全符合牠的大王身分。全身在地上磨蹭，腦袋哐哐哐地撞著地板，對疼痛毫不在意，屬於大器又灑脫的撒嬌。尾巴纏繞著我的腿，激烈到毛都掉了。如果其他毛孩子的呼嚕聲是 125cc 偉士牌，原子炭的呼嚕聲就是哈雷重型機車了。

　　只要長得好看，想怎麼樣都可以，不管是貓還是人，好像都是這樣。自信爆表的魯莽愛情攻勢，彷彿在問：「如果你不喜歡我的話打算怎麼辦？你能忍住不喜歡我嗎？你的行程、你的事情有多重要？我向你撒嬌的時候只管接受就是了。」甚至連問都不問我打算怎麼抵抗。該怎麼說呢，就是一副「不管你的意見如何，反正我喜歡你，你閉嘴乖乖享受就是了」的樣子。以性感的儀態和令人無法抵抗的魅力擺動身軀，既華麗又充滿男子氣概。幸好我不是母貓。

　　相反地，嘻嘻的撒嬌則是屬於楚楚可憐型。毋須刻意，原本就很哀怨的眼神變得更加哀傷，以纖弱的身軀微微磨蹭、輕輕頂著我，腦袋悄悄地靠過來。這就是嘻嘻撒嬌的全部了。帶著害羞的撒嬌，

但卻完全不知節制。骨子裡果然還是貓咪，完全不把我的求情放在眼裡，覺得煩而把她推開又會過來，推開又過來，推開又過來。

不懂得放棄，也不會屈服於對方的拒絕。雖然沒有自信，但卻充滿韌性。不，也許只是無法接受自己被撬走事實而已。這麼說有點不好意思，但有時候（特別是發情時）會黏到讓人有點厭煩。這就嘻嘻的風格。

活脫脫像個對愛情沒有自信、不懂得戀愛要領的十七歲少女。宛如情竇初開的年輕女孩，不知從哪裡聽說愛情不是接受而是付出這種鬼話，於是掏心掏肺不斷付出，同時不停地想確認對方的心意，結果讓人感到厭煩。也很像會一小時打兩次電話問對方在哪裡、正在做什麼的黏人精女孩。

再回到原子炭。年輕小炭並不常撒嬌。因為，只有「周圍沒有半隻貓咪」的時候，才能看到原子炭全心投入撒嬌這種有失尊嚴的行為。

他可能覺得撒嬌這種行為不符合原子炭大王的威嚴。雖然想向我撒嬌，但又不希望任何貓看到自己這一面。仔細想想，可能真的是這樣，所以原子炭才會這麼喜歡廁所吧（小炭真的很喜歡廁所。只要一進廁所就撒嬌到一副快升天的樣子）。因為沒有任何地方比廁所更能享受和我單獨相處的隱私，還有一起度過的親密時光！

雖然貓咪出了名的在乎自尊，但能做到這種程度的貓咪真的不多啊！若說原子炭已達到愛面子的極致應該沒人會反對吧？絕不想讓其他貓咪看到自己脆弱的一面，寂寞又孤獨的大王——原子炭。

談到貓咪的自尊，如果你有養貓，有件事情絕對不能做，那就是嘲笑貓咪的失誤。你不知道？那麼很明顯的，你和貓咪之間的關係並不怎麼和諧。

絕對不可以當著貓咪的面嘲笑他的失誤。貓咪雖然看起來出奇

地高傲又完美，但仔細觀察會發現他們其實有夠迷糊，一天到晚出糗。每天腳都會扭到幾十次，也曾抬起後腿想理毛卻重心不穩往後摔倒。往上跳時算錯高度，結果只有前腳勉強勾搆著而掙扎亂踢，或是反之跳得太遠結果撞到頭。經過轉角前忘了減速，結果「犁田」撞上牆壁之類的，更是每天都會上演的戲碼。睡到一半，不知道是作夢還是被經過的蒼蠅嚇到，自己砰砰砰地揮動著尾巴，以慌亂的眼神跳起一公尺高。聽到電視裡傳出來的門鈴聲，以為有人要來我們家，結果魂飛魄散地逃跑。

　　但是，你絕對、絕對不能笑。雖然我理解你想藉由嘲笑來向老是高高在上的貓咪報仇，但是若盡情嘲笑貓咪的失誤，我可不敢保證你的貓咪以後會變成什麼樣子。貓咪的心也會受傷，會偷偷地感到丟臉。是否曾聽過因為一次嘲笑而毀了貓咪一生的故事（說實話，我到目前為止沒聽過，請大家舉報）？總之，看到貓不小心失誤時，直接假裝沒看到才是上策。

　　自尊心是由他人守護的。不論是貓咪還是戀人的自尊心，都只有你能守護。請銘記在心。

睡覺的方法

可以向貓咪學習的事情太多了，若要一一列舉，說不定數完天上的星星還比較快。但是，如果要從中選出一件最想學習的事，我一定會選擇學習「睡覺的方法」。就像愛斯基摩人有無數個表現「雪」的詞彙，我相信在貓咪的世界裡，表現「睡覺」的單字必然有數千、數萬個。相反地，「失眠症」這個詞，肯定也無法在《貓津（Mew-xford）字典》裡找到。

雖然說貓咪一天平均睡十六個小時，但這只不過是便於人類計量的算法，我個人認為，貓咪的睡眠時間若使用這種世俗單位肯定會貶值，所以不能這樣計算。只要能向貓咪學習關於睡覺的所有事情，哪怕要用我那沒有尖刺、平緩、卑微的舌頭（只要貓老師接受的話）舔牠們全身我也欣然接受。反正我體內已經堆疊了層層毛球，現在就算增添新的貓毛也不成問題。四位貓老師總算開口了：「『陽光美好又溫暖的午後，有什麼睡覺以外的事情值得你做呢』這就是我教給你的第一堂課。那麼，我要去睡覺了，現在乖乖閉嘴，安靜一點。」我這駑鈍的學生要等到何時才能正式開始上課呢？

——來自連續三天沒有睡好，你們忠實的女傭

桌上的謎團

通常應該出現在桌上的東西：電腦、鍵盤、滑鼠、筆、筆記本、便條紙、書。但是現在桌上只有貓咪、貓咪、貓咪、貓咪、勉強撐在邊緣的鍵盤，以及在梅屁股底下的滑鼠。原子炭正用鍵盤在畫面上打出滿滿的貓語，想要死守鍵盤的念頭從一開始就失敗

了。鉛筆常常在地上滾來滾去，有時連個可以放手的地方都沒有。所以我買了新的書桌。非常大的一張桌子。心想這下子貓咪可以不用聞著對方屁屁的味道、自在地躺在桌上，鉛筆和滑鼠也安全了。但是，我現在看到幻覺了嗎？依舊跟以前一樣連放鍵盤的地方都沒有！謎團啊，謎團。是的。大書桌雖是愛貓人的必需品，但無論再大的書桌也無法解決問題。

呼叫貓咪的方法

原子炭：打開廁所或陽台門。
原子小金剛：觀看足球比賽。
梅：蓋被子。
嘻嘻：不想過來。毫無辦法。

　　以上是把我的貓咪叫到身邊來的方法。如果叫貓咪的名字，即便叫到毛球從喉嚨裡原封不動地吐出來，過了一百年貓咪們仍然不會出現。只要貓咪耳朵肯稍微上下動一動就皇恩浩蕩了。很可惜，我們得主動去找貓咪。你知道要怎麼呼叫自己的貓咪嗎？

　　喔，對了，發出開罐頭的聲音是犯規行為。

百倍享受貓咪的方法 1
用腳撫摸

　　貓咪要用腳撫摸才夠勁兒。「不是應該要輕輕翹起小指，以輕柔的手勢像跳芭蕾一樣優雅地撫摸嗎？」如果這麼問，表示你在

貓界還太嫩了。如果不相信，現在就去找你的貓咪實驗看看。你將會打開享受貓咪的全新領域。

用腳「唰唰、唰唰」地蹭著伸直全身躺在地上的貓咪，那種快感是用手撫摸所無法比擬的。而且用腳蹭到一半，當貓咪心情不好想要輕咬、叫我們挪開髒腳時，還可以毫米之差「唰」地抽開腳，額外獲得這種驚險刺激的趣味。我們家的原子炭特別喜歡這種用腳玩的遊戲，把腳伸入走得好好的原子炭雙腿之間，把牠推倒後再用腳在肚子上亂揉一陣，原子炭想用前腳抓住我的腳來咬而十分興奮的樣子，真是再有趣不過了。看起來好像在生氣又討厭我這麼做，但其實小炭享受得很。一天二十四小時要睡掉十六小時，剩下的八小時有一半會花在明明很喜歡卻假裝很討厭這件事情上，這就是貓咪。

百倍享受貓咪的方法 2
粗魯的愛

總覺得貓咪長得像陶瓷娃娃一樣可愛，好像一碰就會壞掉，所以只能遠觀不能褻玩。其實並不是這樣的。貓咪要粗魯地、用全身去愛才對。用雙手包住坐在我身旁的梅的臉龐，粗魯地前後搓揉。像是要把貓皮整個脫下來、眼睛快翻到後腦勺一樣，一面唱歌一面充滿節奏感地前後搓揉著，我和梅的感情就是在這樣的搓揉中萌芽。把好端端躺在地上的梅拖過來，這次像是幫討厭的老公搔背一樣，粗暴地搔著梅的屁股，梅就這樣被擊倒（knock down）了。雖然這麼做會讓我的沙發和整張臉布滿令人發癢的貓毛，但卻是能忍受被這樣對待的梅和我的私人時間。

膝蓋貓與周圍貓

　　每個愛貓人的夢想，就是擁有一隻膝蓋貓。膝蓋貓是指總是跟在主人身邊，常常坐在主人膝蓋上的貓咪。只要有人把貓咪好好地趴在膝蓋上睡覺的照片傳到網路上，底下總會出現數十則「是膝蓋貓！真令人羨慕」、「我們家的貓咪只要一抱就生氣，拜託只要讓我抱一次就好了」之類的推文。貓咪在人前總是一臉漠不關心、絕不輕易顯露內心情感、自尊心強又高高在上，身為主人，雖然表面上說這才是貓咪的魅力，但內心其實非常希望貓咪能對自己撒嬌，就算只有一下下也好。雖說像狗狗一樣黏人也很討厭，可是再怎麼說也是我的家人，偶爾也該親熱一點吧？我經常有這種可惡的想法。不，或許我只是想藉由貓咪來認同自己的存在罷了。

　　不管怎麼說，很羨慕擁有膝蓋貓的人。老實說，羨慕得要死。我也好想讓嘻嘻坐在膝蓋上，一次就好；好想抱著梅兒子卻不用看到牠嚇壞了的眼神；把原子炭擁入懷裡卻不用聽到牠震耳欲聾的煩躁叫聲。能夠抱著牠們的時間，只有1、2、3，僅僅三秒而已。

　　不過，了解他們的習性之後，發現我們家三隻貓都屬於周圍貓。比膝蓋貓更奇特、更有內涵的周圍貓。

　　膝蓋貓會占據你的膝蓋和大腿上方，把全身交給你，以這樣的姿勢睡覺。就怕有什麼風吹草動會吵醒自己的心肝寶貝，人類連看個電視都不能大笑，不小心打了噴嚏都要連聲說對不起、對不起。被膝蓋貓牽著鼻子走的你，一點自由都沒有。

　　但是周圍貓就不一樣了。只要我坐在書桌前，周圍貓就會悄悄跟過來，坐在只要無意把手伸直就會碰到的絕妙距離，靜靜地愛著我。躲在電腦螢幕後面，微微露出腳尖。離開這個房間去到另一個房間，他們仍會安靜地、若無其事地跟過來坐好。來的時候只有自己一個人，坐下來後才發現，貓咪已經在各個角落就定位

了。這就是奇特的周圍貓會做的事。當然，表面上是背對著你，但仔細觀察就會發現，他們的耳朵都用力往後向著你哦！感覺有點像是可愛又害羞、裝作若無其事的七歲小女孩，請她吃糖不肯拿，轉過頭卻發現她躲在門後偷看那樣。比起強烈的愛，養貓咪讓我享受到若有似無、不露痕跡卻又深刻的愛。

我們家有這樣深情的三隻周圍貓和一隻瘋瘋癲癲的膝蓋貓。既不會有兩隻貓在膝蓋上打架，到了冬天膝蓋也不會覺得冷，就是這般絕妙的比例。光看這點就知道我做了多少好事，什麼都擁有了。

貓咪的耳朵是向著你的

熟悉貓咪的人都知道，貓咪從一出生就好像在用全身訴說「我和你不一樣，對你們人類之流沒有半點興趣」。然而，牠們的耳朵卻悄悄地向著我們。背對我們的貓咪，後腦勺上筆直豎起的兩隻耳朵總是用力轉過來向著我們，經常如此。所以，會說貓咪冷漠、高傲，並為此感到受傷的人們，只不過是還不夠了解貓咪罷了。你應該要注意看的是貓咪的耳朵。

如果人類也有像貓咪一樣的耳朵就好了。

貓咪是奢侈品

和貓咪一起度過的夜晚，大概可以濃縮成幾種狀況。

——不知道貓咪睡在哪裡。想跟他們躺在一起睡。

——一定要睡在我兩腿中間，害我一動也不能動，只能把腳伸得
　　直直著睡覺。

——就算毛跑進我的鼻子和嘴巴裡，也只能忍耐著睡覺。貓咪總
　　是把我當成枕頭、枕著我睡。

——在我睡覺的時候一定會狂奔。臉或是肚子被踩是家常便飯。

——睡到一半突然無法呼吸或無法動彈，做了惡夢醒來發現胸前
　　有一隻貓。

　　踩在不會痛的屁股之類的地方最好。請不要踩在兩腿中間，如
果踩在大腿側面，至少還可以翻個身；也不要踩在胸口上，如果
踩在胸側，至少還可以大口呼吸。可是貓咪總是能知道「就是這
裡」，精準地踩中要害。

　　又不是北斗神拳的拳四郎，幾乎要說出「我已經點了你的穴道，
你已經死了。」之類的台詞一般，他們深知就是「這裡」。是想要
殺了我嗎？彷彿非得摸透我的各處要害，才稱得上是我的貓咪？

　　不久前跟朋友喝酒，聊到貓咪很清楚人類要害的話題，結果其
中一位朋友說，如果有知道 G 點在哪裡的貓咪就好了，讓大家笑
了好久。不過，問題是貓咪討厭讓自己變得有用。因為貓咪向來
就以沒有用處的形象出現，而且，好像正是因為沒有用，所以才
可愛。

　　是啊，硬要說起來，貓咪確實是奢侈品。

幫貓咪取名

嘻嘻就像她的名字一樣，真的很差勁[2]。行為像是頑皮的野丫頭，討厭得要死。梅則是因為小時候會像羊一樣咩咩叫，所以取名叫做梅，結果卻比剛出生的小羊還要膽小。原子炭也是一樣。關於原子炭為什麼這麼會闖禍，朋友有套似是而非的理論，他說就是因為這個名字，他才會做出許多讓人「感嘆（炭）」的事情。不過，這背後其實有段驚人的故事。朋友領養的毛小孩到家裡沒多久就在鬼門關前走了一遭，好不容易救回來後，我朋友一心想讓這隻毛小孩可以長長久久活到一百歲，於是馬上把貓咪的名字改成「百歲」，從此以後，百歲就十分健康地長大直到現在。

大部分貓咪的表現也果真恰如其名，這是人人都知道的事實。比起人類，姓名學在貓狗身上或許更說得通。

位子運

啊，說明貓咪能力的時候，好像沒有「像鬼／神一樣」以外的詞了。雖說形容貓咪像鬼一樣有點對不起他們，但是真的想不到除此之外的形容詞，該怎麼辦才好。

這次也是像鬼一樣。貓咪會像鬼一樣「找」出來，具有能找到最佳位子的好運氣。總是能在夏天找到涼爽的地方，在冬天找到溫暖的地方，在角落找到有陽光透進來的地方。貓咪實在太有才了，甚至應該為貓咪創造一個不是「像鬼一樣找出來」，而是「像貓咪一樣找出來」這類的慣用語才對。

貓咪的這種位子運，正是我想向貓咪學習的才能前三名之一。和貓咪完全相反，我好像有選擇最糟糕位子的才能（選菜單也是

這樣，只要是我選的都不好吃。這樣的我竟能出版料理散文，這件事實讓我覺得很不好意思）。表面上裝作沒在挑選的樣子，努力不露出馬腳，卻暗自在腦海裡縝密計算各種狀況，如此這般挑選了好一陣子，可是一旦坐下來，馬上就會發現挑了最不好的位子，以這種糟糕位子運自豪的人就是我。和我迫切渴望的心意相反，眼看和貓咪一起生活五年還是學不會，我往後的位子運看來仍是前途渺茫，好像比書齋裡的狗還不如[3]。

Season teller

整個夏天，貓咪們都散居各處。就像嘴邊還黏著西瓜子、癱在客廳地板上貪圖涼快的七歲男孩一樣，貓咪各自選好自己的祕密基地，在木質地板上、洗手間浴缸裡、玄關瓷磚上之類涼爽的地方躺著。而當他們開始悄悄聚集在暖呼呼、鬆軟舒適的地方時，就表示秋天來了。

從整個夏天都不理我，變成厚臉皮地蹭到我身邊，原本自己一個人睡的孤單床鋪再也不孤單，連個能讓我把腳舒服伸直的地方都沒有，我的床變得再也不屬於我的了。熱呼呼的 Mac Book 和電視機前也是高人氣的熱門地點。天啊，怎麼可以這麼聰明？非常懂得讓自己隨時保持舒服狀態的小子們。

貓咪們的季節感比氣象預報還精準，比農民曆上的節氣還正確。好像可以發給每隻貓一張寫著「Season teller」的名片。

啊啊，已經是秋天了啊。

老實的觀眾

只要發出門窗打開的聲音,原子炭不管在哪裡都會一貓當先跑過來。就像無論在哪裡、無論是何人,只要一有事發生就會跑到現場的 Astro Ganga[4] 一樣。一邊發出達達達、達達達好笑的馬蹄聲,一邊奔馳而來。原子炭奔跑的情況不多,通常只有在發出打開罐頭的聲音、我要去洗手間,或是打開門窗的時候出現。他會熱切地站在門窗前,用那雙具有強烈號召力的眼神盯著我。「喵喵,打開,打開,打開嘛!」但是打開後,門窗外的世界並沒有什麼不同。打開窗戶這件事,除了把關著的窗戶打開這個動作以外,不具有其他重大意義。就好像性感內衣被解開,或是啪啪啪地敲碎焦糖烤布蕾上面那層酥脆的焦糖一樣。

能看見外面景致的窗戶一旦打開,貓咪們就會三兩隻聚在一起看著窗外。這時就算原子小金剛坐在討厭牠的原子炭隔壁也不會怎麼樣。能夠看到小炭和原子小金剛安靜排排坐的地方只有窗戶旁。看到這個場景,人們會以為「貓咪好像想要去外面」,那是不了解貓咪的人才會這麼說。貓咪只是喜歡觀賞而已。即便窗外就是隔壁建築物的牆壁,貓咪都也找到足供觀賞的人、事、物。

不管是看著正在飛舞的蒼蠅、乘著春風的花粉,還是五千公尺上空的 UFO,我們都不會知道。不,也許根本什麼都不看也說不定。貓咪們不管到哪裡,都比人類還要懂得欣賞。就算是什麼都沒有、空蕩蕩的房間,也可以老實地觀賞。空無一物就用空無一物的方式、有東西看就用有東西看的方式觀賞,一動也不動,就這麼觀賞個數十分鐘。即使是毫無看頭的隔壁建築物外牆,也可以像觀看傑克遜·波洛克(Jackson Pollock)滴畫的每一道痕跡似地觀賞著。不管怎麼說,貓咪的觀賞似乎都沒有目的。好像「觀賞」這件事本身就很重要一樣。可以說貓咪是「我看,故我在」嗎?

沒辦法比這個更老實了。不需要金錢也不需要樂趣。光是這樣看著就可以。貓咪真是世界上最老實的觀眾。這麼老實的貓咪，世上應該沒有他們做不到的事吧？但同樣地，能夠老實到這種程度，大概也沒什麼能做的事吧。因為沒有目的。

　　想要像貓咪一樣玩耍。沒有目的，老老實實地。

附註 ————

1. 出自京畿道地方故事「帝王飲用過的井水」：朝鮮李朝時代，仁祖避難後回京路上經過西新面濟扶里附近。因為急著趕路，仁祖口渴難耐，環顧四周尋找可以潤喉的水源，這時正好有位少女站在井邊打水。仁祖請那位少女給他一瓢水喝。少女瞄了仁祖一眼後，舀了一瓢水，又摘下了一旁的幾片柳葉放在水瓢裡交給仁祖。仁祖覺得奇怪，為什麼要在水裡放柳葉。少女輕輕一笑，回答道：「急著喝水會嗆到，所以放幾片葉子讓您一面把葉子吹開一面喝水。」聽完解釋後，仁祖拉起少女的手腕予以嘉許。仁祖回到京城後就把這件事忘得一乾二淨。但是另一方面，少女卻因為帝王抓過自己的手腕而終身守節。後來這件事流傳開來，國家為這位少女立了座烈女門。這口井仍保存於在京畿道華新市西新面濟扶里。

2. 嘻嘻的韓文名字「씨씨」，和「差勁、討厭（씨씨하다）」同字。

3. 語出韓文諺語「堂狗三年吠風月（당구삼년폐풍월）」（書齋裡的狗三年也會吟詩作對）。

4. Astro Ganga：1972 ～ 1973 年間放映的卡通，比無敵鐵金剛早兩個月放映，是人類進入大型機器人和敵人戰鬥的 SF 卡通節目的先驅。

老大對老大

我從不曾因為自己排行老大而感到開心過，也很討厭「大女兒是家裡的本錢」[1]這句話，「只不過把我生下來，結果我就變成家裡的本錢了？怎麼會有這種事？」我總是不禁這麼想。要負的責任很多、要費的心思很多、要忍耐的事情很多、要讓步的東西很多、受委屈的地方也很多……老大的人生就是種種苦難的延伸。

稍微了解我的人，若是看到這篇發牢騷的文章，肯定會大笑出聲吧？接著還會說：「竟然厚著臉皮高談闊論『老大的義務與悲哀』，世界上最不像老大的人明明就是妳啊！」（我的親弟弟可能還會附帶幾句髒話吧……）十個人有十個都會覺得我是老么，對此我也無可奈何，因為我的身高，還有一臉很容易闖禍的模樣，跟一般老大給人的印象差了十萬八千里，但即使是這樣的我，不知不覺間還是染上了老大的氣息，每當這種時候，就好像排行順序所導致的氣質會招來極大損害一般，讓我感到些許不悅。若是說出像老大的話，或是做出像老大的行為，就會覺得有點不服氣。

排行老么的人，只要上下踢動雙腳、掛上兩行做作的眼淚、發出噴噴聲耍賴，想要的東西、想吃的食物就可以立刻到手，對此我總是好生羨慕。和我最親近的戀人也是家中的老么，每次看到他，我就覺得十分鬱悶，但我終究還是接受了這點，雖然討厭，但不知何時起，我會摸摸他的頭、拍拍他的背……唉，真是讓人鬱卒。

但自從有了嘻嘻，還有在那之後接連而來的梅、小炭、原子小金剛，我開始更深入了解家中老大所要扮演的角色了。

我帶回家的第一隻貓咪——嘻嘻。

雖然不像梅一樣有一雙魅惑人的美麗眼睛，不像原子炭會讓人忍不住捧腹大笑，更不像原子小金剛誇張的撒嬌表現和厚臉皮讓人瞬間融化，只因為嘻嘻是老大，這點就足以顯出她的特別。

應該要餵什麼飼料呢？要用什麼貓沙比較好呢？剛養貓時，

我對這些全然無知又笨手笨腳，是嘻嘻陪我經歷了各種失誤和事故，一起成長為所謂的老大，光是這一點就足以證明她是特別的。嘻嘻吃過其他三隻貓咪沒吃過的次級飼料，因為一些瑣碎小事進出醫院的次數更多得無法計數，有一次甚至因為嘻嘻耳朵前面的毛髮稀疏，我還特別去醫院詢問她是不是得了皮膚病？還是有什麼撕裂傷（貓咪眼睛到耳朵之間的毛比較少，耳朵後面則和人類的耳廓類似，所有貓咪都是這樣的）？

這不就和我六歲那年剛搬到城山洞時一樣嗎？我就讀社區教會地下室裡的幼稚園——你絕對不會認為那是間好幼稚園，那裡給人的印象就是充滿了吃鼻屎和鼻涕長大的小朋友，而和我相差兩歲的弟弟，託媽媽在兩年內摸熟社區大小事的福，被送進了別人介紹的明星幼稚園——我想那間幼稚園應該沒有會吃鼻屎的小朋友吧？

然而，那些次級飼料、進出醫院的經驗、發霉的幼稚園，全都是專屬於身為第一隻貓咪的嘻嘻，以及身為老大的我的回憶，就像我和嘻嘻共同成長一般，媽媽也是這樣伴隨著我長大的吧。所以才說老大是家裡的本錢，所以才會感到抱歉，所以才會有深深的依戀……一想到這些，我也不由得地洋洋得意起來。

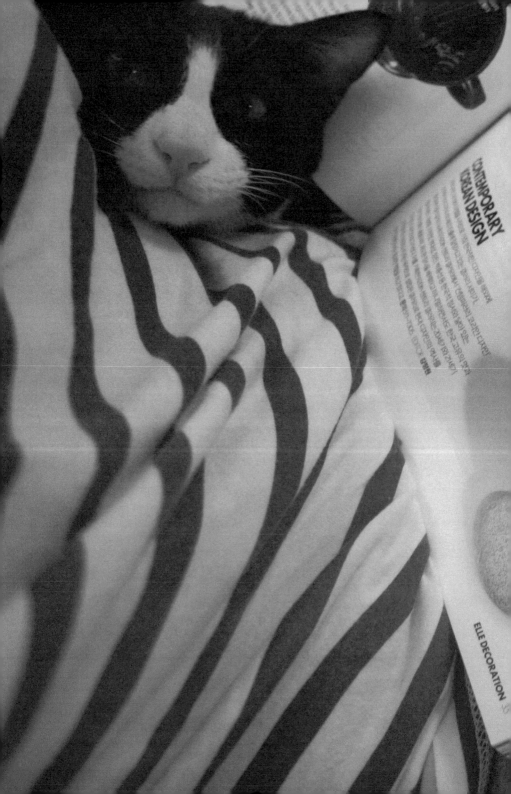

DESIGN

該怎麼辦才好

朋友看著酣睡在我懷裡、用變得粉紅的鼻子呼氣的原子小金剛說道：

「如果妳沒遇到原子小金剛，該怎麼辦才好？」

「我根本無法想像如果沒遇上他，我會變成什麼樣。」我這麼回答。

如果沒有原子小金剛，誰會在盛夏還讓我的大腿變得熱呼呼的呢？如果沒有原子小金剛，還有誰會尾隨在我身後一整天呢？如果沒有原子小金剛，還有誰會在睡醒之後，因為沒看到我就「喵嗚喵嗚」地叫著，在家裡跑來跑去找我呢？如果沒有原子小金剛，還有誰會在半夜裡即使被我的腳踢到、被我的身體壓著，還是願意睡在我身邊呢？如果沒有原子小金剛……如果不是原子小金剛……

如果沒有原子小金剛，我到底該怎麼辦才好呢？如果沒有梅？如果沒有嘻嘻？如果沒有小炭？這樣的我到底該怎麼辦才好呢？如果沒有他們，我到底該怎麼辦才好？該怎麼辦才好呢？該怎麼辦才好呢？

貓咪的媽和孩子的媽

認識我家貓咪的人應該都知道，小炭是撕衛生紙高手。

小炭總是將衛生紙碎屍萬段，撕到幾乎粉碎、直到碎屑飄散在空氣中。早上醒來迎接我的，就是鋪滿整個客廳的衛生紙，如此令人驚嚇的場景好似在向我炫耀一般，雖然這麼比喻有點誇張，但如果把遭小炭荼毒的衛生紙聚集起來，我想應該可以輕輕鬆鬆

環繞地球一圈吧！原子炭的另一個綽號就是開膛手小炭（靈感來自世上少有的殺人魔開膛手傑克）。

或許你會問我：「妳為何都不發火，就這樣放任他為非作歹多年？」可是，每當我看到客廳或廚房堆滿被分屍的衛生紙碎屑時，在真正發火之前，就會先想到他半夜玩得不亦樂乎的模樣，然後不自覺地露出身為一位母親的微笑。我也不知道該拿根本沒救的自己如何是好啊！

如果乍聽之下無法理解我的立場，你可以試著換個角度想想。

如果妳是個有孩子的媽，應該就能理解我的感受了：假設小朋友大便了，屎味臭氣薰天，臭到讓人不禁搗住鼻子、皺起眉頭，但只要一想到小朋友「嗯─」地用力上大號的畫面，妳可能就會心生愛憐，也可能會因為小朋友很健康而感到慶幸。而妳，會在眉頭深鎖的同時嘴角上揚，臉上掛著母親的微笑一邊替孩子擦拭排泄物。這就是我想表達的那種感覺。

嗯……但如果妳沒有孩子，該怎麼說明會比較恰當呢？

假設妳現在有個剛交往的男友，你們從開始約會到現在只過了一個禮拜，妳肯定覺得世界上沒有人比他更帥氣、更有魅力了。而交往的第十天正好是妳生日，男友說他要在家裡親自為妳準備愛心晚餐。赴約抵達之前妳滿心期待，但男友端出來的卻是用平底鍋加熱的冷凍漢堡肉，況且又是男生家裡的那種小廚房，現場肯定慘不忍睹，甚至還有蟑螂從旁邊路過，但就算是這樣，妳仍然一點也不介意，光是親自下廚煎漢堡排的心意，就足以讓妳不自覺地甜笑，像品嚐 A++ 等級的韓牛一樣，津津有味地吃著那份不確定蟑螂有無試吃過的漢堡排。這樣形容可以理解嗎？啊，這個比喻好像不太適合，如果分手……不對，不用到分手的地步，只要經過一年，如果男友還打算做跟去年生日一樣的事，妳肯定會氣得牙癢癢的。正是因為這樣，所以我才說貓咪比男友好。

　偶爾，我會和一些有孩子的朋友聊天，當她們聊到自家小朋友的事情時，我總會不自覺地湊熱鬧說：「對對對！我們家原子炭也……」雖然自己的孩子被拿來和貓咪相比，心情應該不會太好，但可能因為她們都是我的朋友，所以並不太介意，只要我小心一點，別在和不太熟的人聊媽媽經時脫口而出：「對啊！我家貓咪也都會……」就好了。

　千萬別以為世上所有人都喜歡貓咪，也別相信每個人都會給予他們最小程度的尊重，抱有那種單純想法會讓你受傷的。就算知道我養了四隻貓咪，會問我一些無禮問題的人還是多如牛毛，那種情形就像一位母親把小孩的照片拿給別人看，對方卻回說：「哇！長得真可愛，但就養育來說，養狗比養小孩更輕鬆不是嗎？」你必須了解，在聊有關貓咪的話題時，一定要慎選對象，不管是和人分享小孩還是貓咪的照片，就算對方嘴巴上說可愛，通常也只是基於禮貌，隨口說說場面話罷了。

　在養了貓咪之後，多少能夠理解養育小孩的心情。我母親看我照顧貓咪的模樣，說我一定也能把小孩養得很好，但我告訴她，我不怎麼喜歡小孩，幸好，我母親是這麼回我的：「嗯，不管養貓咪也好，養小孩也好，同樣都是好事。」

小貓咪 1

像惡魔一樣的存在。

就像世上絕無僅有的生物一般，他用美麗的臉龐誘惑你，等你把他帶回家之後，他們就會像早已預謀好了一般，在一夕之間長大。

小貓咪 2

小貓咪的討喜無人能及，我甚至覺得「他們是為了讓世人了解何謂可愛才降臨凡間的」，但與此同時，他們也常做出讓人無可奈何的行為，不禁讓人懷疑他們究竟有沒有大腦。對牛彈琴的更高層次，想必就是對小貓彈琴了，若你向整天調皮搗蛋的小傢伙喝斥不許如何如何，他會先嚇一大跳，然後魂飛魄散似地奔向另一個房間，中途完全不煞車，就保持那樣的速度直到撞上另一間房的牆壁為止，這時他才會掉頭，然後回到原來的地方，繼續剛才在做的事情。原子小金剛小時候，我真的煩惱過他是不是患有ADHD 注意力不足過動症，甚至詢問過醫生：「我覺得這孩子怎麼看都像是 ADHD 患者。」沒想到醫生竟然回答道：「用眼睛看就知道了啊，他的瞳孔根本沒靜止過，動個不停。」

我也曾經期望原子小金剛快點長大，讓我們可以靜靜凝視著彼此的眼睛，人家說可以看到貓咪的瞳孔時，才能看清他真正的樣貌（說是這麼說啦，但我們家可以讓人凝視眼睛進行內心交流的對象，似乎只有嘻嘻，因為原子小金剛早就爬到我頭上了，對我根本不屑一顧；小炭則是傲慢的大王，對自身以外的事情絲毫不感興趣；至於梅，只要我一抓住他，就一副戒慎恐懼的模樣）。

然而，那種想法只被允許出現三秒。別忘了，小貓咪是既美麗

又冷酷的,世上所有美麗的事物皆然。他們總是那麼傲慢、那麼冷漠,但只要一眨眼,像雲朵般軟綿綿的小貓咪就會消失,變身為在公司聚餐時偷瞄一眼身旁女職員大腿就臉紅的中年部長大叔貓。貓咪的幼年時期轉眼就結束了,好好打起精神,盡情享受和小貓咪相處的時光吧!這是你現在唯一應該做的事。

觀賞用貓咪

不管是誰看到我家小梅,都會異口同聲地說他「很好看」,光用「很好看」不夠,還會說他「很漂亮」;「很漂亮」不夠,甚至還會用「看起來很好吃」形容他。至於小梅,應該是稍微烤過的杏仁再淋上焦糖的味道?嗯……烤布蕾好像也不錯,焦糖布丁的味道似乎也頗相近。碧波盪漾的蔚藍瞳孔、蘋果形狀的圓圓臉蛋、幾乎占據一半臉蛋的大眼睛、和玩具熊假鼻子極相似的烏黑亮鼻、當「可愛的貓咪」必備的圓鼓鼓雙頰、還有像布娃娃的腳一樣可愛得不合理的四隻圓圓小腳、再加上從卡其到咖啡棕的完美漸層毛色,實在找不出任何缺點,就連眉毛和鬍鬚也是以無可挑剔的粗細和密度聳立著,還有伸懶腰時所展現的超完美曲線,甚至連後腳突出的兩根指甲都顯得如此小巧玲瓏。

雖說有一百隻貓咪就代表有一百名貓奴,但小梅那公認的美貌,讓我覺得不管身在何處、不管站在誰面前,甚至在你掏錢買的這本書裡,都可以盡情地拿小梅來炫耀(I am sorry,如果造成你任何不滿,或是讓你忍不住也想炫耀自己的貓咪,不論何時都請寄 E-mail 給我,我會想辦法辦一場貓咪炫耀大會)。

在這個醜陋的世界裡,只要看到小梅,就能體會到美的最高境界。如果不是上天特別賜予,是不可能這麼完美的。我有時候甚

至會想：「這麼美麗的小可愛，怎麼會是我的貓咪呢？」

　　我的朋友曾說，如果要用一句話來總括小梅，那就是「觀賞用貓咪」。這樣說來，家裡唯一像隻真正的貓咪、女性、內心深不可測又文靜的嘻嘻就是「收藏用」；專挑讓人抓狂的事做、總是讓人無可奈何的原子炭大王則是「娛樂用」；三不五時往我身上躺的原子小金剛就是「保暖用」了。如果依用途分類，我竟然能得到如此完美的四喜組合，「我上輩子到底做了什麼好事啊？」忍不住又開始想像起自己的前世：「是拯救了國家嗎？還是救了全宇宙？不然怎麼能收集到如此完美的貓咪組合？」完全陷入無可救藥的貓奴狀態。

　　讓我們回到主題。小梅既然是觀賞用貓咪，也就是不能被觸摸的藝術品，一碰到他就會掉下一堆毛、毛、毛。乍看之下，會以為身材細長的嘻嘻擁有最驚人的毛量，但事實上，小梅的毛量才是家裡毛孩子的冠軍。小梅特別喜歡別人搔他屁股，所以時常把自己的屁股貼到我臉上——常常早上一睜開眼，就可以看到梅先生的小菊花——雖然我能理解他的心情，如果可以，我也想一直幫他抓癢，抓到指紋消失都沒關係，但只要一搔他，就會掉下一頭熊所能製造的驚人毛量，到底該如何是好呢？

　　不只是毛，人家常說眼睛越大膽子就越小，但梅的膽子未免也太小了吧？經常像被獅子群包圍似的，睜著梅花鹿般的大眼，趴在地板上哆嗦著匍匐前進。很久以前，我曾經因為太過擔心小梅的狀況而詢問獸醫：「不是說腎臟不好就會比較膽小嗎？如果人類會這樣，那小梅會不會也是啊？是否做一下腎臟檢查比較好？」想當然爾，得到的回應是獸醫看似親切的微笑，同時參雜著些許咋舌的聲音。家裡若有客人訪，我就要做好心理準備，那天別想會看到梅了。門鈴聲對他來說太嚇人了，就算只是電視中傳出的門鈴聲都能讓他忙於逃命。你覺得門鈴聲還算情有可原嗎？拜託，我連放個屁就能嚇得他逃之夭夭，老實說，根本就不

需要聲音，光是我坐在沙發上不經意地動了一根腳趾頭，都可以讓他瞬間跳開一公尺遠，並且高舉尾巴（尾巴的毛通通豎起來，就像是用來清掃浴室的刷子），然後消失在洗衣間或是其他地方。

「笨得可愛」，梅朋友相當符合這樣的形容，再加上他實在太乖巧了，大家都會幫他梳理毛髮，導致他連自己的毛都不會整理。就像美國有許多關於金髮傻妞的笑話一樣，我們家中美麗又愚蠢的代名詞——梅兒子，也有幾個專屬於我們之間的趣事。但是，該怎麼說呢？看起來美麗的東西真的比較好嗎？一邊這麼想著，一邊看了梅兒子一眼，唉，真美啊，美得不可方物，正因為他太美，所以其他什麼缺點都不要緊了……不禁又開始喃喃自語，難怪人家總說美麗的事物比較好啊！

嘻嘻的三個階段

啊，好舒服、好舒服。

啊，真幸福。

媽媽是最棒的。

我一定會當一隻乖貓咪的。

......

走開！

嫉妒可亡國

　　我把原子小金剛帶回家了。從朋友那裡得知，南山韓屋村有四隻被拋棄又沒有媽媽在身邊的小燕尾服貓被送到我常去的動物醫院。找尋燕尾服貓好一陣子、連作夢都夢到燕尾服貓的我一得知這個消息，無法不往醫院飛奔而去，也無法不把四隻貓咪中唯一願意讓我抱在懷中又喵嗚喵嗚叫著的原子小金剛帶回家。

　　但是家裡的三隻毛小孩並不知道這件事，一點心理準備都沒有的三隻毛小孩看到原子小金剛，就那樣僵在原地，但嘻嘻馬上就發揮母愛，上前舔了舔原子小金剛，天性善良的梅也淡然地接受事實。

　　問題在於小炭。幾個月來一直都很想養第四隻貓咪，不時還期待地哼起歌來，但也一直很擔心小炭。原子炭是我們家的老么，也是家裡的大王，總是得到好東西、世界上所有東西都是他的、沒有任何人可以擋住他的去路，就算把衛生紙撕得到處都是也不會挨罵、找梅哥哥的麻煩也不會挨罵，在家裡那樣調皮搗蛋的老么小炭竟然有了弟弟？就算還沒親眼看到，我也能想像未來有無窮的麻煩。然而，結果卻遠比我預想還要糟糕。只要原子小金剛一出現在視線內，小炭就會用煩躁的聲音咆哮；一旦原子小金剛碰巧誤闖小炭的攻擊範圍，不只被抓花了臉，差點連下巴都不保。直到現在還是這樣，都已經過九個月了……他們倆大概一輩子都會像鐵軌的兩條平行軌道，永不相交……。

　　即使如此，我仍然沒有要責備小炭的意思，男友或是周遭的朋友看到小炭那麼討厭原子小金剛，都說他實在很不應該，雖然很不應該，但我可以理解他的心情。

　　弟弟出生那一年，我兩歲，當然，那麼小的我根本沒什麼印象了，都是後來從媽媽那裡聽來的。弟弟出生超過兩個月後，我仍然不肯靠近弟弟一步，總是躲在旁邊房間的門後，露出世界上最

孤單、最惆悵、最悲戚的神情，用力地瞪著弟弟，不覺得膩，也不說話，甚至不玩、不吃，就只是死抓著門把。把這件事說給別人聽，大家都說：「這完全就是妳會做的事啊！」老實說，連我自己都覺得那的確很像我會做的事，而現在的小炭就是那時候的我。不久之前，我們搬到有兩層樓的住家，因為二樓只有臥房、更衣室和陽台，所以除了睡覺，我一整天都會待在一樓，只要我一消失在眼前就會喵喵叫著四處找我的原子小金剛，當然也就跟著安置在一樓了。想當然爾，這麼一來，小炭就不會想從二樓下來：膽小的煤炭兄弟待在二樓；只會找媽媽的原子小金剛和天不怕地不怕的嘻嘻則在一樓。

經過樓梯時，若看到微微探出頭俯視一樓客廳的小炭，就會把他和抓著門把獨自悲傷、咬著嘴唇怒瞪弟弟的我交疊在一起。如果他能痛痛快快地和原子小金剛打一架也好，狠狠地教訓一頓，好讓原子小金剛不敢找他麻煩，但小炭並沒有這麼做，前前後後也只有像棉花般軟弱無力地揮了幾拳罷了。

至今小炭仍然討厭原子小金剛，討厭直到深處無怨尤。圓鼓鼓的臉頰加上好似全世界只剩下自己的孤苦神情，小炭今天也一直發出焦躁的聲音，大王炭就這樣變成焦躁炭。小炭正走在成為大人的路上。

挑著吃的樂趣 1

電視節目上偶爾會訪問養了七、八、九個孩子的父母。「九個？是十年裡一直都在生小孩嗎？」張著嘴這麼想的時候，換成自己養貓咪的立場，我立刻就能理解那位母親所說的：「生了一次之後就變那樣了」、「忘了疼痛和辛苦，結果還是生了」、「孩子

實在太可愛了，沒辦法不繼續生，結果就變成這樣了。」

是啊，我也是如此。不知怎麼地就變成這樣了，連作夢都沒想過自己會養四隻貓，結果就變這樣了。隨便問任何一個養了很多隻貓咪的人，答案都是一樣的：「不知不覺就變成這樣了，呵呵呵。」

不知不覺就變成這樣了，以這種情形來說，我算是相當幸運，沒有任何一隻毛小孩是雷同的：美麗外表下是個膽小鬼的梅、世故帶點難相處卻又心思深沉的嘻嘻、有個性卻是搞笑大王的原子炭、還有厚臉皮愛撒嬌的原子小金剛，這讓我不禁想到，挑著吃的樂趣應該就是指這個吧？

睡覺的時候，梅會挑放在涼爽窗戶前那塊軟綿綿的墊子；小炭則不論哪裡只要蓋上棉被就可以睡；嘻嘻要在最不顯眼、最不會受到干擾的高處；原子小金剛只要是我身上的任何一個地方，他都會無條件地說好。

小炭只要看到帶有一點冰箱冷凍室氣味又冰得硬邦邦的手工製雞肉乾就會非常興奮；嘻嘻果然是個女孩，喜歡是有點鹹又香脆可口的馬鈴薯片，以及理由不詳的塑膠袋；梅的最愛絕對是草、草、草，只要是綠色葉子他都喜歡；原子小金剛是只要能放到嘴巴裡的東西都可以，從泡菜到泡麵湯都會伸出舌頭試試味道。

幸虧他們的喜好沒有任何一點重疊，所以不會為此吵架，擁有如此多樣化貓咪的我，肯定不會有感到無聊的時候，可以說養了這四隻貓咪，卻得到了四千多倍不同的感受啊！

不過，在這裡我我要說句肺腑之言：

「奉勸大家最多養三隻貓咪就夠了。」

「從一變成二沒什麼差別，從二變成三也差不多，但從三變成四就是天差地別了！」當養了五隻貓咪的朋友這麼說時，我一個字都沒聽進去，但事實上，從三變成四真的是天差地別啊！

不過，說這些話的我心知肚明，我相信你也知道，區區這種忠告，想必讓人連哼都不屑哼一聲，而且連耳邊風都當不成啊。所以，你們家裡應該也會不知不覺就養了四隻貓吧。

我們也是無可奈何啊！

挑著吃的樂趣 2

在毛孩子們的牙齒上塗上牙膏。

嘻嘻生氣地跑掉了；梅像瘋了一樣在家裡跑了整整四圈；原子炭則是用尾巴纏住我的腳撒嬌，要我不要再這樣了；而原子小金剛好像是因為還太小了，所以根本不知道到底發生了什麼事。

真的是各有各的不同。

挑著吃的樂趣 3

世界上最無趣的人之一，就是沒有個人喜好的人，別人做什麼就說「我也要、我也要！」別人喜歡什麼就嚷著「我也是、我也是！」別人去旅行就附和「我也去、我也去！」只會一窩蜂地跟流行，好像賺錢很容易似的。從這一點來看，把貓咪定為客群的生意根本就不可能行得通，因為沒有一個毛孩子的胃口是一樣的，也沒有會喜歡同一件東西的毛孩子，就算闖禍也都各有各的特色：小炭主要是打破玻璃杯、吃我的髮圈、還有對我的喀什米爾羊毛罩衫虎視眈眈；梅偷吃花的時候總會打翻花瓶；嘻嘻不管在哪裡都會吐這點讓我十

分困擾；把其他同伴惹毛則是原子小金剛的主要任務；還有某某貓
會吃草的、某某貓會吃塑膠袋……

　　喜好怎麼有辦法如此明確呢？他們是一群明確知道自己喜歡什
麼東西的毛孩子，從這一方面來看還頗令人羨慕的，畢竟這是一
個不太容易確定自己究竟喜歡什麼東西的世界啊！

天空 VS. 貓咪

比下了一場雷陣雨後的天空還要藍的眼睛，
比夏日白晝的雲朵還要柔軟的毛，
比落在手背上的雨滴還要溼潤的鼻子。

我的貓咪，我的夏日貓咪。

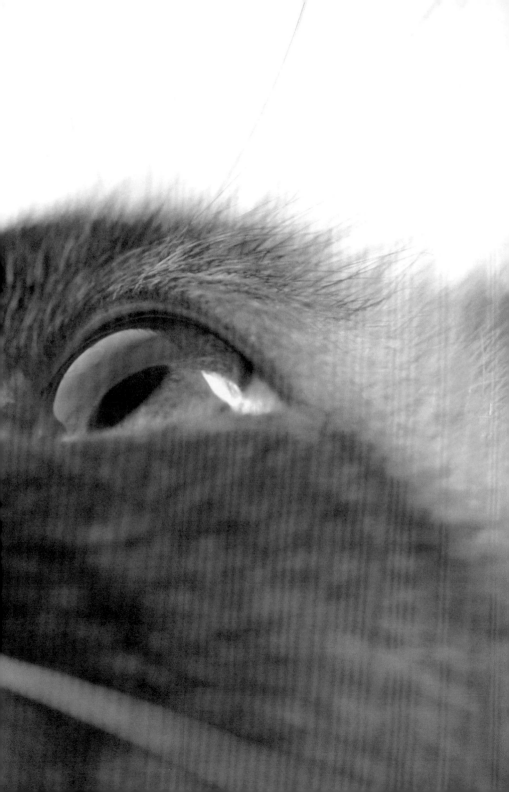

今天的有趣童話

我們家原子小金剛今天又虎視眈眈地盯著媽媽的飯碗了。可能還忘不了當流浪貓時餓肚子的記憶吧，原子小金剛只要一看到可以吃的東西，不管是什麼都會放進嘴裡。為了守住自己的飯碗，用腳和擠過身來的媽媽爭贏了之後，一邊想著「那尾青花魚一定非常美味！」一邊意氣風發地跳到托盤上。但是，我的天啊！原子小金剛降落的地點竟然不是裝有青花魚的盤子，而是落到咖哩碗中的湯匙上，湯匙飛到半空中，「啪嚓」一聲，裡面的咖哩也精準命中原子小金剛的臉，不是原來所期待的香噴噴魚料理，鼻子被不知名的陌生辣味刺激著，他快速地用前腳抹了抹，然後伸出舌頭舔一舔，但隨之而來的卻是舌頭開始發麻，原子小金剛一整個驚慌失措，「誰可以來救救我！」

正在咀嚼滿口白飯的媽媽看到這副景象後，一邊哈哈哈地笑著，一邊慢條斯理地走過去幫他擦臉。事實上，媽媽一點都不意外，如果區區這種程度就感到意外，根本沒辦法飼養原子小金剛啊！

但是，接著卻演變成連老手貓咪都感到出乎意料的棘手事件。原子小金剛有粉紅色的鼻子，還有非常合襯的白色小嘴，再加上從咖哩色逐漸轉黃的毛色，就是和秋天最般配的那種銀杏葉顏色，黃澄澄的那種。

就像黃色鼻涕沾在鼻子上似的，原子小金剛的鼻子旁沾了一長條的黃色咖哩漬，怎麼擦都擦不掉。變成黃色燕尾服貓的原子小金剛，直到現在還是會散發出咖哩味。嗯……反正只是味道嘛，身上本來就沾著屎味、飯味、口水味，不過是多個咖哩味，應該不算什麼大問題吧。雖然不是什麼大問題，但也僅止於說說而已。

所以今天還是幫原子小金剛洗澡了，幾天前才因為沾到大便而幫他洗澡，不過五天的時間，竟然又要洗澡了。原子小金剛的大姊——嘻嘻，一年才洗一次澡。

沒有人知道原子小金剛未來還會闖多少禍、還要洗多少次澡，但老實說，這些事對他根本不痛不癢，因為真正忙翻天的人，只有原子小金剛他媽啊！

　　原子小金剛童話，劇終。

鏡子成癮

　　如果原子炭坐在鏡子前面，遊戲就開始了。

　　那面鏡子必須動也不動地和原子炭對視二、三十分鐘才行。在浴室鏡子前坐下的小炭，就算黴菌正在成長茁壯也不毫知情，就算黴菌都冒出頭來了也毫不影響，他就是用那種氣勢盯著鏡子看。

　　「嗯，我的毛今天也像塗了麻油的海苔飯卷一樣光亮動人呀！很好、很好；還有每個人看到都會覺得很神奇的黑色鬍鬚，今天也是像可以釣起鯊魚的釣線一樣有朝氣地豎立著，嗯，很好、很好；耳朵裡面也閃亮亮的，很好、很好；嗯，眼睛還是炯炯有神，很好、很好。」就算突然告訴我小炭在浴室洗手台上開出了水仙花，我也不會被嚇到的，因為貓咪就是那樣的毛孩子啊，一群忍受不了自己美貌的孩子，「我才不需要你的認同，也不需要選美大會的皇冠，我太了解自己有多美麗了，真的很受不了自己怎麼有辦法這麼美。」他們就是用全身力氣在表達這些話的毛孩子們。世上哪裡還有比他們更誇張的自戀狂呢？

　　但是，貓咪可不容小覷，他們比你想像的還要聰明。小炭在那面鏡子前鑒賞自己的同時，也在監視著我。

　　在那麼多鏡子當中，非那面鏡子不可的理由就是：從那面鏡子

可以看到坐在客廳的我的一舉一動！當他透過鏡子偷偷盯著我看時，如果突然和我四目相交，他就會慌張地動動肩膀，還會因為頭轉得太急而失去平衡，因此差點從洗手台上掉下來，這種狀況可不只一、兩次。碰到差點掉下來的狀況，他會馬上移動到馬桶上，然後把怒氣牽連到無辜的尾巴上，不停地繞著圈子追趕尾巴，但他當然不可能抓到自己的尾巴，結果只會讓小炭的怒火燒得更旺，大概也是這時候，小炭的腳底和屁股就會沾得溼答答，最後只好帶著比溼掉的屁股還要失落的表情，一聲不響地靠近我，摩蹭我的腳：「我就只有妳了，妳是知道的吧？」

回頭想想，自從原子小金剛來了之後，我就有一種更常被小炭用鏡子監視的感覺，為什麼呢？是想知道他不在時，我會對原子小金剛多好嗎？看來我得去查看鏡子旁是否有什麼用 O 或 X 來標示的「她愛原子小金剛」記錄表了。

我、貓咪，還有衛生紙

事件名稱：廚房紙巾謀殺事件
事件編號：KTWL20329915
現場地址：首爾市龍山區漢南洞
事件發生時間：推測為凌晨接近天亮時分
嫌疑犯：原子炭（搜身檢查完畢）
目擊者：同居貓咪兩隻

在過去三年裡，透過多次殺害浴室衛生紙以獲得自信的嫌疑貓，相較於過去犯案記錄，這次鎖定衛生紙界的大老「廚房紙巾」為目標進而殘忍殺害的事件，現場波及範圍更廣，從首次面對大體積的目標仍沒有一絲猶豫，並且毫不費力地把它撕得粉碎這點來看，可以推斷嫌犯技術的純熟度與殘忍度已日益精進。此次事件的嚴重性，已不再為主張改過、教化、和解的社會所接受，鑑此，望能處以史無前例的嚴厲罰則。再者，目前正在進行偵察的連續謀殺髮圈事件，合理推斷同為此嫌疑貓所為，希望在找到有力證據——自嫌疑貓的糞便中發現紅色和藍色髮圈碎屑時——能即時判決處分。

過去幾年，原子炭從他只有我手掌大的時候就很討厭衛生紙了，不對，也或許是因為太過喜歡才會那樣。不只是衛生紙，就連面紙和廚房紙巾也逃不出小炭的魔掌，可能是因為看起來很有趣，現在就連原子小金剛也會虎視眈眈地盯著衛生紙看（從這一刻起，我終於理解小炭為什麼討厭原子小金剛了，搶走自己老么的寶座已經夠惹人厭了，那傢伙竟然還每件事都要學自己，果然是討厭的學人精啊）。

大約就是這時候，我開始認真地思考：小炭到底為什麼會一看

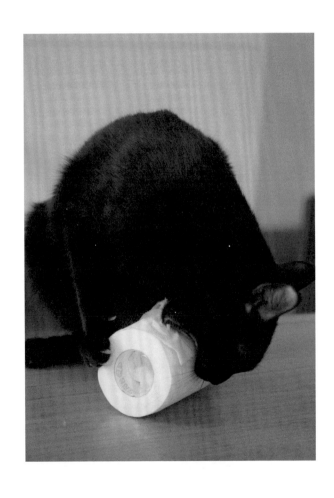

到衛生紙就失去理智，變得像連續殺人犯開膛手傑克一樣，唰唰唰地撕毀衛生紙呢？無論怎麼想，都不覺得他這輩子和衛生紙有結下什麼梁子，所以也就忍不住懷疑到他的前世去了。

人家常說，如果上輩子欠某個人很多債，下輩子就會變成那個人的父母；上輩子若是有在獨木橋上都會遇到的仇人，下輩子就會變成夫妻。那麼小炭和衛生紙的前世孽緣又是怎麼回事呢？有可能是他們上輩子是夫妻，但衛生紙卻外遇了；或是衛生紙把他全部的財產搜刮一空；或者他的戀人被衛生紙搶走了；也有可能衛生紙是肇事逃逸的司機。不管是什麼，他們倆之間一定有解不開的恩怨。

這麼一想，我上輩子又是如何呢？是因為欠了什麼債，這輩子才要這樣服侍這群傢伙嗎？我不禁懷疑：或許我就是欠了這群毛小孩一屁股債，所以才得這樣服侍他們啊！要幫原子炭準備捲筒衛生紙；要幫素食主義者小梅準備生菜和芝麻葉；要隨時伸出一隻手給原子小金剛；還要幫嘻嘻……什麼都不幫她做也沒關係（唉呀，嘻嘻果然是乖女孩）。不只如此，上個月在中古家具特賣會買的櫃子送來時，我甚至想著他們一定會對新家具感到好奇，為了讓他們可以進去玩，到現在抽屜裡都還沒放任何東西，而且一直把櫃子門敞開著，狹窄、陰暗、還有老樹木的香氣，那可是貓咪最愛的絕佳位置，每隻毛孩子都曾跑進去睡覺。天哪！我到底欠了這些傢伙多少債啊？

發現嘻嘻偶爾吐在我鞋子裡的毛球時，或是看著總是比我還快伸出手碰到碗裡的飯的原子小金剛（乾脆直接用嘴巴碰還比較好，為什麼一定要用先用手碰碰看呢？託他的福，我白色的米粒上都長滿毛了），或者看到正把毛髮大把大把黏在沙發上的梅，我都會忍不住想：「不管我欠了多少債，就讓我一次還完吧！」不過，若貓咪根本就不認為我是在清償債務，那就是個大問題了。

跟媽媽很像耶

「嘻嘻怎麼那麼像姊姊妳啊？」

嘻嘻開心地發出咕嚕咕嚕聲時，如果稍微碰到她的屁股，就會突然發怒，轉身就走。我弟在看到這一幕後說了這麼一句話。心情好的時候就會對人很好，像要把對方捧上天一樣，但如果對方做錯了一點什麼，會倏地轉身就走，他說這一點和我很像。

結果過了不久，他又說了類似的話。

「原子炭怎麼那麼像姊姊妳啊？」

忿恨難平地對著原子小金剛耍性子，但突然和我四目相交時，就馬上用讓人融化的可愛聲音「喵嗚～」地叫著，他說這種只對喜歡的人好、非常挑人的個性和我很像。

過了幾天後，他又說了類似的話。

「想了想，原子小金剛也和姊姊有點像。」

「……喂，夠了喔！」

不管怎麼說，我們家的貓咪們身體裡都住著一個我。

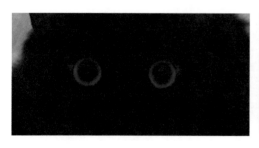

好朋友

大半夜裡，不想開燈，就這樣蜷曲著窩在空蕩蕩的沙發上出神地望著電視，這時梅會像條蛇一樣悠悠地靠過來坐在我身邊，然後慢慢地抬起頭，用和南太平洋的海浪一樣透明、一樣漂蕩著陣陣水波的蔚藍瞳孔和我相望，這時，很神奇地，覺得沙發似乎變得更柔軟了。

他是隻會讓人想跟他一起去某處，垂下釣魚竿、喝瓶冰涼啤酒、開懷暢談心裡話的貓咪，所以我才會把梅叫作「梅朋友」。他會用深沉的眼睛溫柔地注視你，傾聽你說話，還會用他圓圓的手愛憐地拍拍你的背，他就是隻會做這些事情的貓咪。

真希望我能擁有這樣一位朋友，擁有梅的眼神和梅的手，就算什麼都不做，只是並肩坐在一起就覺得很放鬆，是一位可以把共同坐著的地方變得更柔軟的朋友。但老實說，光是擁有梅朋友就已經很足夠了，所以其實也不太需要……啊，就是因為這樣我才沒有朋友啊。

宅配紙箱集錦

箱子又登場了，這次的箱子相當大，那四隻顯然相當開心的貓冤家，有很長一段時間沒看到大箱子了，每隻都很興奮。這次的紙箱，外觀大小就如同貓神降臨一般完美。

只要這種紙箱一進到家裡，想把那箱子丟掉，比丟掉我不穿的鞋子還要困難。因為無論何時，四隻貓咪一定會有一隻進入紙箱裡，也只有在這時候，貓咪才會做些像貓咪的事。或許，家中某處可能有我看不到的抽號碼牌機器吧，他們會排隊依序進入使用，嗯……雖然中間偶爾會因為原子炭大王插隊而變得有點吵鬧，但他們還是像出身於貴族幼稚園的貓咪一樣守秩序，甚至還待在裡面睡覺，絲毫沒打算離開紙箱的意思。

狠不下心的我，只能耐心等待他們何時願意把房間讓出來。接下來某一天，若有新的宅配箱子登場，就會和舊箱子接力交棒。結果，改變的就只有箱子的大小，箱子就這樣理所當然地變成家中固定家具般的存在。

啊啊，在這個家裡竟然連箱子都不能隨心所欲丟掉。我也想要變成一隻貓咪，變成一隻就算拖來一堆箱子也不會有人來碰、也不會有人來叫你清掉的貓咪。

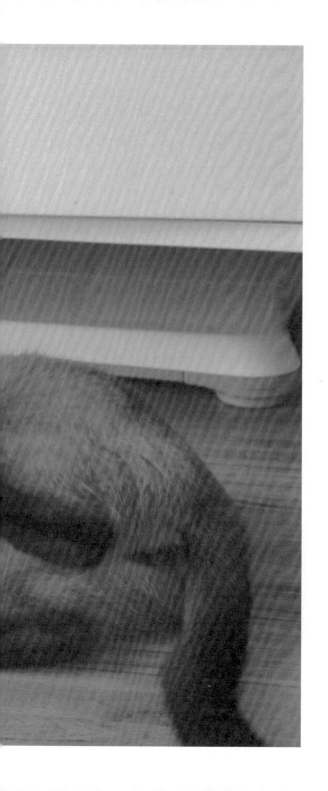

貓薄荷成癮犯

平常越是文靜、越是膽小的貓咪，碰到貓薄荷時的反應就越激烈，就好像一個派對狂熱分子等待了一輩子，最後終於抵達伊比薩島[2]一樣，在那個狂歡派對裡不僅僅是單純的愉悅，而是更進一步的瘋狂。我們家對貓薄荷有如此激烈反應的，想當然爾就是膽小貓梅朋友了。

平常的梅，是隻連蒼蠅都可以嚇到他的貓，但只要一碰上貓薄荷，他就會徹底變成另一隻貓，完全擔得起「貓薄荷成癮犯」的封號，只要一有空隙就會鑽進櫃子裡，掙扎著想打開貓薄荷罐，如果他是人類，說不定會變成一個大酒鬼吧？把平常的自己全拋到腦後，徹底掙脫「我原本不是這樣的……」的自我意識枷鎖，變成一隻全新的貓咪在地上滾來滾去，貪心地用前腳動了動貓薄荷，然後嚼嚼嚼，一邊流著口水一邊品嘗味道，茫到把頭放在地上轉來轉去，若呵呵笑著旁觀變身之後的梅，梅就會說：「膽小鬼是我，這樣的我也是我啊！妳不也說過喜歡的東西很好，開心的時候就好上加好了，那是妳說的呀！」我很羨慕可以如此誠實面對欲望的梅，二十歲左右的我似乎也是那樣的，那樣的我，現在跑到哪裡去了呢？

天空一般的貓咪

「偶爾也抬頭看看天空吧！」若非得探討為什麼會有這句話的理由，大概就是因為這世界太過醜陋，所以無法輕易看到美麗的事物。只看美好的事物、只說好聽的話、只吃好吃的東西，雖然很想這麼過生活，但認真算一下，要在一天內達成其中一項，即使只有一次也很困難，或許正因為如此，才會有貓咪的存在吧？有了貓咪，不就可以把世界上最美好的事物之一放在自己身邊嗎？就算不用抬頭看天空，只是看著貓咪坐在窗邊的身影，我也會不自覺地微笑、放鬆緊抿的嘴角，迷茫的雙眼也會因此變得清明，就像星期六放學時大掃除，一邊呼呼呵著氣一邊擦拭的玻璃窗，透亮得光可鑑人。「每遇見一隻貓咪，人生就變得更幸福一點。」之所以會產生這種感覺，應該就是因為以上的原因吧。

錯過可惜的聲音

睡著的貓咪有時候會發出一些細微的聲音。

毛孩子們若一聲不響地走到我身邊躺下，不管我正在看書還是看電視，都會偷偷地把靠近他們那側的耳朵打開，因為熟睡的貓咪會發出讓人一點都不想錯過的聲音。

靠在我身上睡著，甚至連嘴巴都微微張開了，

一動也不動地靠在我手上，貓咪的頭的重量，

那聲音如此微弱地、微弱地傳了出來。

「這就是所謂的羈絆吧？」此時的氛圍會讓人忍不住這麼想。

就像是情人枕在我的膝蓋上，要求我幫他掏耳朵的場景。

只有我知道的，專屬這些孩子的面貌；

只有我能看到的，毫無防備的愛。

貓咪為我打造的時光

雖然養了多達四隻貓咪，但每天兩點到五點這段時間，我通常還是一個人，除了一睜開眼一定要看到我的老么原子小金剛之外，其他三隻都各自窩在某個我不知道的角落安靜睡著，原子小金剛也會睡在我的附近。為了不吵醒他們，這段時間裡我也只能保持安靜，會發出巨大聲響的事——不論是大掃除、做料理，還是看電視——全部都要在那之前或之後進行。出於一半自願一半被迫，總之，兩點到五點是專屬於我的時間，可說是心思細膩的貓咪們特別為我打造的時間，「妳就試著把心思集中在自己身上吧！」感覺是貓咪希望我這麼做，所以特意替我安排的。家裡靜悄悄的，只有電風扇轉動的聲音。平時就算只有自己在家，想要一個人靜靜地獨處也不容易，我非常感謝能有這段時間。

深夜裡令人心癢難耐的撫慰

最近連著幾日，都會毫無理由地在黑漆漆的深夜裡醒來。

是那種在迷迷糊糊中連我都不曉得自己醒來的狀態。

一邊想著「啊，我又醒來了！」一邊等到眼睛依稀辨識出百葉窗後，首先映入眼簾的，就是跑去坐在窗邊的嘻嘻，我們家最小隻的老大，安靜地坐在那裡等著，直到和我四目相接後，就一邊發出低沉又細微到幾乎聽不見的聲音，一邊窸窸窣窣爬到床上，優雅地在紅色天鵝絨彈簧床上找到適合的位置停頓一下，接著走近我身旁坐下，如同一隻小小貓。

錯不了，嘻嘻一定是辨識出我睡醒的味道才過來的，如果不是這樣，不可能每次我一睜開眼睛，她都剛好坐在那裡啊！她一定是在我從睡夢中醒來的片刻就認出那個味道，然後用軟綿綿的腳

掌靜悄悄地走過來。

　　可能是擔心我會難過吧，不希望我唉聲嘆氣的，所以把軟綿綿的身體靠向我，用她長長的毛搔得我癢癢的，還一邊用圓滾滾又帶著一點可憐樣的眼神和我對視，一邊發出咕嚕咕嚕的聲音。接著我再度沉入夢鄉。當我再次散發出睡著的味道，嘻嘻就會回到自己原來的位子上。

　　我的小貓咪給我的，

　　深夜裡靜謐的慰勞，

　　深夜裡令人心癢難耐的呵護。

安慰

　　癢癢的毛，

　　撲通撲通的心跳，

　　軟綿綿的腳掌，

　　還有咕嚕咕嚕的聲音。

　　本身的存在就是一種安慰的毛小孩們。

　　耳朵該有多靈敏，才能聽到我有氣無力的聲音，才會用比積得灰濛一片的塵埃還要輕盈的腳步來坐在我面前呢？我上哪兒才能尋求同樣的安慰呢？

那時就知道的話

我：小時候養的那隻雪納瑞叫什麼名字啊？就是我們國中還是高中時候養的那隻。

弟弟：叫「飛吧」，因為他總是發神經似地跑來跑去，所以才會那樣命名啊。

我：啊！沒錯！

弟弟：他的名字怎麼了嗎？我只要一想到以前養的小狗，就會愧疚得要死……

我：嗯，我只是突然想到所以才問的。你不也看到了嗎？我現在為這群貓咪把屎把尿的樣子，所以突然覺得很對不起以前養的小狗，特別是國高中時養的雪納瑞和可卡，那時對他們太壞了，從可卡的名字叫「狗叔叔」這一點來看就知道了，那時還覺得這個名字很有趣，但他說不定也希望自己能有個像樣點的名字吧？

弟弟：我們若是能把現在對這群貓咪傾注的關愛和努力分一半的一半的一半的一半給他們，應該就不會這麼愧疚了吧？

我：對啊，但那時大家都是這麼養狗的不是嗎？只要給他們吃、給他們住、幫他們擦大便，這樣狗就會幫你看家。把吃剩的泡菜鍋和只剩下魚刺的魚拌在一起就當作一餐餵他們，在八○、九○年代初期，會買飼料餵狗吃的人有幾個？我記得好像不是餵他們吃泡菜鍋，因為太辣了，他們吃不了。如果那天沒有泡菜鍋以外的東西，就會開一個鮪魚罐頭拌給他們吃。

弟弟：不是、不是，那時開給他們吃的鮪魚罐頭應該也是辣椒口味的。不知是誰送了我們鮪魚罐頭禮盒，但我們不吃辣椒口味，因為覺得很難吃。狗狗們沒有胃口的時候，還幫他們拌了雞蛋在裡面。

我：啊，是這樣嗎？嗯……但我們很小的時候養的大龍和玲瓏，應該就很幸福吧？因為那時我們還很小，所以都會帶著狗出去

玩，對他們超好的，一放假就帶他們出去。五、六歲去溪谷玩時也有帶他們去，你記得嗎？那時我們還一起游泳！

弟弟：喔，大龍和玲瓏是雜種狗，但超級聰明的，想用零食當誘餌把他們引到家裡去，他們還不進去呢！

我：雜種狗好像真的比較聰明，心思比較深沉，而且重情感，老媽若是偷偷把他們帶進家裡來，就會一陣摟摟抱抱和玩鬧，還把餅乾撒得到處都是。但是，名字裡有個「龍」字是怎樣啊？以前大家取名字不是 Happy 就是 Mary，再不然就是阿龍什麼的，所以取這名字那時應該還算有創意啦，但現在從嘴裡說出來就覺得有點丟臉……

弟弟：呵呵呵，小狗的名字差不多都那樣啊，比起 Happy、Mary、阿龍之類的，我們取的還比較好吧！

我：但是，青春期那時養的飛吧和狗叔叔，真的只有在他們還小的時候被我們疼愛過吧？狗叔叔是我從外面撿回來的嗎？還因為腸胃炎差點死掉，到醫院去住了好幾天對吧？結果他長大之後就沒有那麼可愛了。

弟弟：妳帶他回來的時候，他身上還有跳蚤，媽媽、我和妳三個人還開著檯燈抓跳蚤呢！用手一一把那些又黑又小的蟲子抓起來，但他還是一直病懨懨的，最後只好把他送到醫院。不過他長大後，我們就沒對他那麼好了。

我：啊，對耶！我想起來了，那時為了救活他真的忙壞了，還一直哭哭啼啼的。

弟弟：飛吧不也是姊從路上撿回來的嗎？我記得好像是耶……在看有小狗的悲情漫畫時，不是都會出現那種劇情嗎？在還是幼犬的時候對他疼愛有加，等到他長大後就幾乎把他忘在一旁，我們以前好像就是那樣，只有在他們小時候比較疼愛。

我：唉，為什麼會這樣呢？

弟弟：如果那時懂得和他們交心就好了，就像現在和這群貓咪一樣。為什麼會以為只要按時餵他們吃飯、不讓他們淋到雨、偶爾一起跑跑跳跳就足夠了呢？那時候……

我：但我們連那種程度都沒做到啊！最後好像只是一天去瞧個一兩次？如果他生病了，就認為他應很快會自己好起來，就算他看起來很無聊，也覺得他會自己看著辦。

弟弟：對啊，玲瓏就是這樣，玲瓏在離開家裡之前好像正在生病。現在回想起來，嘴上說很珍惜，結果卻用這種方式對待他們，我們真的太過分了。有時我甚至會想，玲瓏那傢伙說不定就是為了不讓我們看到他死掉的樣子才離家出走的，聽說有些狗真的會這樣。

我：……真的，很可能就是因為那樣，啊，玲瓏啊……

弟弟：大龍後來送到鄉下奶奶家了，過沒幾年就聽說他對著路過的釣客吠了幾聲，然後死於心臟麻痺。說是這麼說啦，但事實如何根本沒人知道。

我：真想知道事情的真相。或許狗叔叔和飛吧也想和我們有所交流呢，真令人難過……而且我還想起一件事，有次我被爸媽狠狠臭罵一頓之後，覺得世上好像只剩我一個人了，所以心情低落地跑到外面抱住小狗的脖子，對他嘟噥：「只有你懂我的心情。」抱著沒幫他洗澡而散發出味道的狗頭，還一邊抱怨他很臭。這麼說來，那時連澡都不幫他們洗。唉，那段時間他們過得開心嗎？

弟弟：好像就是那樣的存在——「如果消失就會感到可惜，會覺得他們應該要一直在那個位子上才對，但真的待在那裡時，又沒特別能為他們做什麼」的那種存在。

我：啊，真難過，現在他們在天上若是看到我為貓咪做的事，會說些什麼呢？應該會要我們把來不及給他們的那份愛，全都分給貓咪們吧？不知道為什麼，總覺得他們不會埋怨我們，狗兒們

不都是那樣善良的孩子嗎?

　　弟弟:啊,好想哭……

　　我:我也是。

　　對不起。

附註 ─────

1.「大女兒是家裡的本錢(맏딸은 살림밑천)」,韓國諺語。因為女兒會幫忙處理家
中的大小事務,所以第一個小孩若是女兒,對於一家人的生活會有很大的幫助。

2.伊比薩島(Ibiza)為西班牙著名的度假勝地,緊鄰地中海,為世界三大電音聖地之一,
以精采的夜生活聞名,號稱有「全日界最美的日落」。

絕佳食物鍊

不論是誰，都會說我們家的毛孩子是絕不可能跑出去的膽小鬼，就算很清楚他們不可能跑出去，但如果看不到貓咪，我還是會陷入恐慌。對於一些常跑出去的，或是有離家出走前科的貓咪，會感到擔心是理所當然，但是，對於光是打開門就會有一半的膽小鬼跑到床下躲起來的我們家而言，陷入恐慌的我，只能說再愚蠢不過了。

翻遍家裡找了四圈左右還是沒看到貓咪，這次他們一定是跑到外面去了。就算我家的格局根本不可能讓他們跑出去，我還是會在社區裡厚著臉皮敲打罐子，扯開喉嚨大喊：「原子炭啊～小梅啊～」四處尋找，就連貓咪不可能會搭的電梯也要進去瞧一瞧，還會仔細地察看停在社區裡的每一輛汽車車底，就算膝蓋磨破皮也不在意，就這麼過了三、四十分鐘後回到家裡，我已經完全失去理智了。我曾經開過鍋蓋，還打開冰箱，真要說實話，就連馬桶蓋我都開過。

幾小時過後，已經再沒有能打開的東西了，也沒有能往裡頭察看的地方，我就像洩了氣的皮球一屁股坐到沙發上。當我淚眼汪汪癱坐在沙發上時，就在這個時候（這惡魔般的時間點），登愣～梅從洗衣機後面懶洋洋地走了出來（剛才明明就不在那裡）！

「喂！你這個壞東西！」搞不清楚前因後果的小梅就這樣被我抱到幾乎要喘不過氣，不喜歡被緊抱的貓咪會扭動著掙脫跑掉，而我則會忿恨難平地罵他是「忘恩負義的傢伙！」受苦受難的明明都是我，但我卻還一邊對他們說：「辛苦了～」一邊幫他們打開罐頭。這個家到底還有沒有所謂的理性和倫理啊？我真的是從大學畢業的知識分子嗎？

過去這幾年，這樣的騷動每年都會發生二、三次，類似的事情反覆發生數十次之後，現在的我雖然十分清楚那全是些徒勞無功

的舉動，但我還是會一如往常地陷入驚慌。我如此，你也如此，我們到底為什麼會這樣呢？其實，我知道答案。

因為貓咪是靠著吃人類的擔心過活的。

貓咪啃噬著我，我也讓貓咪啃噬著，我們就是這樣一起生活。然而，奇怪的是，並沒有任何一方感到不幸，這真是世界上絕無僅有、最和平的最佳食物鏈了。

與貓咪之間的因果報應

從事廣告相關工作的人，就是所謂的「廣告人」。「如果上輩子造業太多，或是犯了深及三代的罪孽，下輩子就會投胎當廣告人。」因為廣告業比任何職業都更常被「前世業報」所影響，所以廣告人無法完全地做自己。我也曾經是那群人之一。

在廣告公司上班的那幾年，不管我怎麼數，還是覺得在我三十三年的人生裡，償還「前世債」的次數也不會比開始養貓咪的這五年多，這五年中我使用「上輩子」這個詞的次數，比起之前幾年全部加起來的總數要多上太多了，嘴上總是掛著：「我上輩子到底欠了他們什麼債？還是我上輩子做了什麼出賣祖國的事情啊？」當然，就算我嘴上這樣說，心裡還是很開心的。貓咪有把人變成受虐狂的本領，或許就是因為前世的業報，所以這輩子我才會變成被虐狂呀！

啊，說著說著，讓我想起了有次在某個喝酒的場合聽到的紐約應召女郎故事：某個位居高位的男子，在社會上有著極大權力，同時也背負著巨大的責任，他是那位應召女郎來往數年的老客人，這個男人的要求的只有一項，就是把他當成一張椅子來對待，應召女郎需要做的就是開門進到男人家裡，坐在那張椅子（假裝

成椅子的男人）上，然後剪剪腳指甲、看看電視、和朋友講講電話，只要這樣讓時間流逝就可以了，不會有人對椅子打招呼，也不會要求它負什麼責任，更不會對它有什麼期望，那個承受過多視線和壓力的男人，只是想變成一個透明人罷了。找其他人麻煩、命令別人做事情等，如果你在外面也需要扮演這種無可奈何的角色，如果你也非自願性地背負著具虐待狂傾向的責任，那麼，飼養貓咪似乎是個不錯的主意：在家裡是被虐狂，在外面則是虐待狂，這樣說不定就能找出某種平衡了。

不論如何，我總覺得不能再把上輩子的債繼續欠下去，絕對不能留下會讓下輩子的我繼續受罪的業障。不過，能夠用貓咪來還債也算幸運了，誰敢保證不會有比這更可怕的業報形式呢？養了貓咪之後，我深切體會到自己上輩子的業障有多麼可怕，所以，我下定決心了！為了不再讓自己被前世業障所牽連，為了不再留下任何債務和惡果，我今天也會盡全力好好對待即將變成老公的男友，然後我也會拜託他：「歐爸，你死了之後就要把我忘得一乾二淨喔！」

所有的貓咪和我的貓咪

1. 如果愛上了一隻貓咪，就會愛上全世界所有的貓咪。
2. 貓咪全都是可愛的，但我的貓咪又更可愛了一點。

小貓咪缺乏症候群

　　小貓咪缺乏症候群，是有養貓的人會定期出現的症狀，屬於一種精神疾病，不論一起生活的貓咪有一隻、四隻，還是四十隻，只要是養貓人，都會一而再、再而三地經歷這個症狀，會一直想要看著小貓咪、摸小貓咪、揉捏小貓咪，直到近乎瘋狂的程度。這種病依每個人的狀況不同，發作週期也會不同，但一般都是在老大或是老么從一歲要變成一歲半的時候發作。養貓人士在某一天會突然清醒，才驚覺已經有八隻眼睛正盯著自己討飯吃，接著說：「我也不知道為什麼會變這樣……」而之所以說出這句話，有百分之五十都是因為小貓咪缺乏症候群造成的。我們都是患者，貓咪的患者。

　　為了看從南山韓屋村被救出來的原子小金剛而跑去動物醫院的那天，有個想法在我腦中一閃而過：「現在若把這孩子帶回家，能為他準備另外一份完整的愛嗎？還是會把現在為我們家毛小孩付出的愛又重新分成 N 分之一呢？」我那時候似乎在想：「雖然需要一個新家的孩子也很重要，但最該擺在第一順位考慮的，應該是現在正由我照顧的孩子們才對。」當時我還沒有找到答案，就對原子小金剛粉紅色的鼻子和軟綿綿的腳掌一見鍾情了，所以最後還是不顧一切地把原子小金剛帶回家去。直到現在，如果重新回想那個問題，總覺得似乎這才是正確解答：「雖然帶貓咪回

家時需要很大的決心、深思熟慮，還有無限的責任感，但根本就不需擔心把貓咪帶回家後愛會不夠用。」

孝貓牌坊

有句話是這麼說的：「父母一生可以從小孩身上獲得的孝順，在孩子八歲以前就結束了。」有人說，孩子一旦長大，就很難再提供他在孩提時期所帶給父母的那種快樂；也有人說，父母一輩子都會把孩子小時候的樣子收藏在心底。

從這一點來看，貓咪比人類優越之處又多了一點。貓咪的孩提時期很可愛，就算長大了，可愛程度也完全不會改變，有時甚至會比小時候更可愛，可愛到無法挑剔的地步，根本就可愛到人神共憤的境界啊！呼，這些難能可貴的貓孝子們。

世界上最可怕的想像

如果我家的貓咪們會說話。

媽媽的話 VS. 貓咪的話

對某些人而言，雖然只是一張紙的差異，但對貓咪來說，光是一張紙，就已經是天與地的差別了。

如果得讓屁股直接碰到地板，貓咪寧願像沙漠的鬣狗一樣漫無目的地徘徊。對貓咪而言，一張放在地板上的薄紙，等同於繡著金絲線、用柔軟鵝毛填滿的彈簧軟墊。就算只是餐桌上手掌大小的杯墊也好，貓咪們就是擁有一副需要墊著東西才能坐下的嬌貴身軀。

以前，就算媽媽總是嘮叨著叫我們別坐在冰涼的地板上，還是改不掉一屁股坐到地上的習慣，但到了這個年紀，看到貓咪以身作則的模樣，我也耳濡目染，想著至少要效仿他們一半的精神，因此不太常直接坐在地板上了。這是個非常有教育意義的故事，所以，就以讚揚貓咪來結束這個故事吧：就算不聽媽媽的話，也會乖乖地聽貓咪的話。

毛

貓毛在房間地板上滾來滾去沒關係，但我的頭髮如果散落在房間地板上，就有一種快被逼瘋的感覺。這是為什麼呢？

————— 向貓咪學習生活哲學

一喜一悲

看到嘻嘻坐在冰冷的地板上，總覺得不太好，所以撐起沉重的身體，幫她拿了一塊坐墊過來。

「坐這、坐這，我人很好吧？還幫妳拿坐墊過來！」

「啪啪」地拍著坐墊，說了百萬次要她坐在那上面，但嘻嘻連眼睛都不睜開，反而嫌我吵，還要我別揚起灰塵來。

至少要鋪一張紙才肯坐在地上的孩子，竟然對我特地拿過來的坐墊視而不見。

嘻嘻撇過頭，「哼，我才不管會不會碰到細菌呢！」說完自己反而大聲嚷嚷了起來：「睜著那雙小眼睛的妳幫我鋪坐墊，區區一個坐墊，看起來像是我會坐的地方嗎？」「什麼？區區一個坐墊？就來看看是妳贏還是我贏！」稍微有點火大的我硬是把嘻嘻轉過來，讓她坐到墊子上，結果一點都不想讓屁股碰到坐墊的嘻嘻，「啪」地一聲，立刻跳離一公尺遠，接著開始抱怨我拿過來的坐墊很髒、問我到底懂不懂她獨一無二、具有創意又高尚的品味、問我從哪兒拿來那塊髒坐墊……（明明就是個會坐在 A4 紙上的傢伙……）

「到時候就算妳身上長滿黴菌我也不管了！」當我離開原地跑去躺在沙發上時，嘻嘻就會悄悄地靠過來，用尾巴咻地掠過我的腳，「哼，妳也覺得自己有點對不起我吧？」就在我洋洋得意的瞬間，看到嘻嘻回到剛剛的位子上，神氣十足地把我剛放的坐墊擱在一旁，再度直接坐在地板上。

接著又開始嘟囔著：「區區一個坐墊，我會看得上眼嗎？」

養貓人士一定會經歷的一喜一悲。

願望

　　如果死了之後真的可以重新投胎，我會選擇變成貓咪，但既然都要當貓咪了，我想投胎成「我的貓咪」。這是每個把貓咪飼養得很好（服侍得很好）的人的願望。

CHAPTER

7

我家庭院的貓咪

貓咪買一送一特惠中

不管此刻你養了幾隻貓咪,除了家中養的那幾隻以外,一定還會再多出另一隻貓咪,就像買一個就多送一個的買一送一活動,養了一隻就會有第二隻、養了兩隻就會有第三隻,如果像我一樣養了四隻,就會有第五隻。那些贈送的貓咪就是你家附近的貓,明明只帶了一隻貓咪回家,但在不知不覺間,會突然覺得好像整個社區的貓咪都是自己的一樣,因為你會開始擔心社區裡每隻貓咪的大小事情;若在路上遇到貓咪,一定會問他:「吃飯了嗎?」

自從搬到有院子的家之後,這個買一送一的活動似乎變得更加盛大了,巧妙地變成買四送四,院子裡有了另外四隻貓咪。院子貓咪一號名叫「瑪格」,是隻讓人覺得有點特別的黑色貓咪;還有一隻會厚著臉皮在窗戶邊呼喚我討飯吃的貓咪,因為毛色黑白混合,所以我叫他「乳牛」;還有一隻一看到就不禁想「怎麼會有長得那麼醜的貓咪啊?」而不自覺笑出來,同時卻又覺得有點哀傷的、長得像老虎的黃色貓咪;最後是默默把飯吃完就走掉,讓人只能勉強看到他離去背影的另一隻黃色貓咪。就這樣,我不僅是四隻貓咪的媽媽,還身兼供應另外四隻貓咪伙食的食堂阿姨。

ps. 寫完這篇文章不久之後,我發現固定餵食的孩子們不是四隻,而是九隻。

我家院子的貓咪：瑪格與乳牛

　　搬到這裡來後，首先遇到的院子貓咪一號——瑪格，個頭十分嬌小，有著纖細的身材、黑色的毛、精緻的五官，她是一隻漂亮的（中性化的）的女生。在我看到瑪格的瞬間，就已經對她一見鍾情了，雖然到現在還是不太親切也不太黏人，但如果多了解她一些，就會發現她真的是一位溫柔又多情的女子，只要養貓幾年，這種事光看臉也是可以知道的。某一天，我發現她在出現在我家院子空蕩蕩的停車格裡，便準備了一些東西給她吃，結果隔天半夜、再隔一天的日落時分、再隔一天的正中午，她都會到我家來，就這樣一點點、一點點地，她待在我家院子的時間逐漸變長了。

　　某次在她專注於貓罐頭的時候，我曾經輕輕地摸了摸她的頭，現在就算伸出手她也不會閃躲了，還會用鼻子仔細地嗅聞。微微碰到鼻尖的程度，是她現在所能接受的底線。瑪格常常在吃完飯後坐到我面前，安安靜靜地坐在看似碰得到卻又碰不太到的位置，就坐在那兒看著一面對自己喋喋不休、一面打掃院子拔著雜草的我，待一陣後她就會離開。我很感謝她的那份心意，甚至也想過她如果能這樣住在我家院子就好了，還幫她取了一個名字「瑪格」，但對於一個中性化的女生來說，要保有地域觀念並不是件容易的事。

　　乳牛則是在鄰居家的停車格發現的，是白色毛髮上長著著黑點的孩子，有結實的腿和大腳，還有一副長得有些厚臉皮的五官，堪稱貓界的西伯利亞雪橇犬。我曾在隔壁停車格那裡餵他吃過一、兩次飯，之後他就很精明地跑到我家來打卡上班了，不對，說不定他不知從何時起就已經住在我家的某處了，因為早上打開大門出來時，乳牛就已經坐在那裡，帶著一副「今天是幾點吃飯呢？」的表情。

　　不出所料，因為乳牛的關係，瑪格就不常出現了，偶爾會來的

短尾黃貓「小老虎」和長尾黃貓（沒有名字）出現的次數也減少了，看著乳牛結實的腿和和大腳，我想這小子應該是附近巷弄裡的地頭蛇，再加上力氣大，就更惹人厭了，懸掛在尾巴下和核桃一樣大的花生（公貓的睪丸常被叫做花生，超可愛的）——平常我都會說：「你看他的花生！好可愛喔！」——也是讓人討厭得要死。該說食物就是這小子的力量來源嗎？就算放了三、四碗的飯，他依然會在我家院子一天進出個二十次，全部的食物都被乳牛小子吃光光了，甚至還把這裡當作自己家一樣，整天伸長了身子躺在院子裡涼爽的木板上。看到他那副樣子，也曾對他發過牢騷，「不要待在那裡！」「你一直待在這裡，其他孩子都會餓肚子啦！」「全部都自己吃掉的貪心鬼，真是個壞孩子！」但他似乎根本沒聽進去，即使如此，至少到目前為止，我們的關係還不算太壞。流浪貓食物供應站的交通管制雖然不太容易，但大約每兩天還是可以看到一次瑪格和小老虎。

一直以來都是這樣。之後的某一天早上，起床後往外一看，不知什麼風把瑪格吹來了，她安靜地坐在階梯上等我，我一邊喊著「瑪格呀！」一邊開心拍著手跑出去，但一開門，瑪格卻消失得無影無蹤，換成乳牛坐在那個階梯上，隔天也是同樣的情況，一想到被趕走的瑪格，有那麼一瞬間突然非常厭惡乳牛，我不自覺地向乳牛跺了跺腳，忿忿地要他離開，隨後，乳牛就露出他再也不會進到院子來的眼神。

從那之後，我的心情一直不怎麼好。乳牛也好，瑪格也好，他們都一樣是肚子餓的孩子，無法比較誰比較幸運、誰比較可憐，同樣都是辛苦生活的毛孩子，我明明很清楚，心卻還是無可避免地偏向其中一個毛小孩，再加上瑪格又那麼可愛，她是院子貓咪一號……一想到這些理由，我又更加愧疚了，原來……我也不過是這種人罷了。如果明天乳牛來了，我一定要跟他道歉。

和瑪格的巷弄約會

往窗外一看，瑪格正在那邊的巷子裡散步。

我把流浪貓用的飯盒掛在腰側，趕緊跑了出去，一邊喊著：「瑪格呀，妳在哪裡啊？」

喊著要她來吃個飯再走，沒想到她就乖乖地進到院子裡來了。我在碗裡倒了滿滿的食物，一邊說著「吃飯吧，多吃一點。」一邊把碗放到和我有一小段距離的地方，瑪格把鼻子埋在飯碗裡，發出喀喀喀的聲音，而我就待在一旁拔雜草。「剛剛為什麼就那樣走了呢？」喀喀喀。「妳之前都跑去哪裡了？」喀喀喀。「妳都在哪裡睡覺呢？」喀喀喀。「昨天晚上下雨了，妳做了些什麼呢？」喀喀喀。每拔一次雜草就問瑪格一個問題，但是瑪格對於我的問句攻勢根本不理不睬，只顧著吃她的飯。壞女孩。

吃完飯後，瑪格靜靜坐在草地上，眼睛一眨一眨的，看起來應該是想睡了，我跟著她眨眨眼，結果她卻一聲不響地起身，慢條斯理從階梯上下來，我跟在她身後，腦中同時閃過類似「瑪格該不會要帶我去貓咪的王國吧？」這種不著邊際的幻想。

一進到巷子裡，瑪格突然躺在水溝蓋上，還翻過身體呈現四腳朝天的模樣，她曲了曲腰，眨眨眼睛，開始撒起嬌來。第一次看到瑪格撒嬌的我，就像融化的冰淇淋一樣一屁股坐到地上，她在地上打滾了幾圈，接著就躺在地上梳理毛髮，一邊「喵嗚」叫著，一邊小小聲地對我說了些什麼，雖然我不知道她在說些什麼，但我還是跟著答話：「嗯嗯，這樣啊？唉唷，好乖，真可愛、真可愛。」可愛這句話，瑪格從人們的口中聽過幾次了呢？

瑪格似乎沒有想從水溝蓋上離開的意思，我也跟著她蜷縮著身體坐在那裡。巷弄裡一個人也沒有，我們倆就那樣坐在巷子裡觀察彼此、互相對視、抬頭看看天空、環顧四周、觀察蒼蠅、聽著前面住家的大嬸用電話聊天、看著在搬動蚯蚓屍體的螞蟻，就那

樣玩了一會兒，一邊迎著若有似無的夏風，蜷縮坐在巷子裡，就那樣玩了一會兒，真的、真的很有趣。

賣火柴的少年乳牛

半夜在木地板上滾了幾圈後往窗外一看，坐在窗戶前的，正是每次都獨占食物的厚臉皮大力貓乳牛。就像賣火柴的少女把火柴一根一根點燃，偷偷望著有溫暖壁爐、餐桌上擺滿美食的家庭的那一幕似的，原子小金剛在房間地板打滾、嘻嘻躺在沙發上、小炭則是在懶散地磨蹭著食物，乳牛獨自一貓坐在被雨淋濕的階梯上，凝視著家裡木地板上發生的一舉一動。看到那幅景像，我有一點手足無措，不知道該如何是好，同時心裡也伴隨著愧疚，以及對自己的無能為力感到失望，感受著這個世界的悲傷與哀愁，隨即，心底有個想法驀地一閃而過：這小子該不會是因為白天我為了瑪格而把他趕走，所以懷恨在心，故意跑來演戲給我看吧？我的天啊，路邊的貓也是，我家的貓也是，大家都很懂得該怎麼把我耍得團團轉嘛，切！

流浪貓是壞男人

1. 自從遇見瑪格以後，我每天都會往院子看個十二次，來了嗎？來了嗎？還沒來嗎？她會來嗎？總是望眼欲穿地等待著。流浪貓都是壞男人，來了就走，也不知道什麼時候會再來。貓咪是船，我是港口。

2. 若有一個人很親切地對待貓咪，那就表示有數十個、數百個人會隨意對貓咪們丟石子。每當看到對人類表現親密的流浪貓，我當然也覺得他們很可愛，但總是先替他們感到擔心。路邊的貓

咪都是小孩子，「不要跟著陌生人走。」「就算有人說要買冰淇淋給你吃，也不要隨便和那個人說話。」我總是想這麼叮囑他們。

3.除了瑪格以外，會跑到我家來的貓咪還有五、六隻，小黃、乳牛、卡歐斯、三色子（很奇怪的是這個社區裡並沒有青花魚啊），這麼多毛孩子，白天到底都跑到哪裡去了呢？如果下雨，會在哪裡躲雨呢？除非他們主動現身，否則你絕對無法找到這些貓咪。我可以確信，在某個地方一定有個只有流浪貓才能通過的次元黑洞。

4.梅雨季開始之後，已經四天不見瑪格了。昨天傍晚雨勢稍稍停歇，社區裡的其他貓咪都出現了，但就是不見瑪格的蹤影，一直走來走去想著「可能」、「該不會」的我，已經把這一生所有要擔心的分都用完了，一整天不斷望向外面的院子。今天會來嗎？愛上流浪貓就像單戀，單戀是很辛苦的。

討厭下雨

最近的雨一天也沒停過，連著幾日都是滂沱大雨。夏天的雨啊，若是在以前，我一定會馬上豎起耳朵，一邊嗅著雨的氣味，嘴裡說著「真好、真好……」但最近卻無法那樣了。只要遇上下雨，流浪貓們的一天就會比平常辛苦好幾倍，他們得找到避雨的地方，也沒辦法為了找飯吃而跑到外頭，悶悶的濕氣也會讓他們的皮膚病變得更嚴重。下雨的日子裡，乳牛也好、瑪格也好、小老虎也好，誰都不會出現，接著他們會在雨停的隔天現身，狼吞虎嚥地吃下比平常更多分量的食物後才離開，他們一定是一直挨餓才會那樣，真希望雨只要適時地下一點就好了，若固執地非下不可，至少就下在流浪貓覓得棲身之所後能睡上一覺的白天吧。

流浪貓餵食記

有時看著某人吃飯，就會覺得自己也跟著飽了。隔壁巷子住著兩隻老貓和六隻小貓咪組成的大家庭，替他們拆開一包飼料後，我就待在稍微有些距離的地方守著，接著看到他們一隻一隻輕手輕腳地走出來，開始吃東西，等到大概有八隻貓咪聚集在一起後，喀嚓嚓、咚隆隆的聲音就會在巷弄裡迴響著，喀嚓嚓、咚隆隆、喀嚓嚓、咚隆隆，這是半夜裡響起的「吃飽了交響樂」，我的肚子飽了，他們的肚子也飽了。

但是，餵流浪貓吃飯並不是件簡單的事情，倘若稍有失手，很可能就會從路過的壞心腸社區居民口中聽到惡毒的言語，然而，若向他們解釋「這不只是為了貓咪好，對人類來說也是好事」，我卻又太懦弱怕事了。「如果餵他們吃東西，他們就不會去亂拆垃圾袋了喔……」我只能用蚊子般細小的聲音勉強擠出這句話。只要幫流浪貓準備食物，他們就不會去翻垃圾袋，貓咪之間的爭吵也會減少，這麼一來，巷子就會變得整潔又安靜了，而且貓咪們也可以飽餐一頓，但是那些人明明就不知道這些，還說出像是「是妳把貓咪帶來的嗎？」「很吵耶！」「好髒喔！」「小偷貓！」之類的話。想要一個人獨占所有東西的你，心腸更像小偷、你那刺耳的話語更吵、你的心更骯髒！但幸好這種事還沒在我身上發生過，幸好在我居住的這個巷弄裡，還沒有發現極度討厭貓咪的人，也或許是他們根本就無所謂，況且我可以在自家院子裡安心地餵他們吃飯，不會有任何人看到，這是最幸運的一點了。為什麼非得要用盡全力在某樣討厭的東西上消耗能量呢？光是把能量用在喜歡的事物上都已經不夠了。韓國是流浪貓生活最辛苦的國家前十名，這樣的排名一點都不光榮，這是我討厭這個國家的理由之一。

ps 1. 如果可能的話，當你幫流浪貓準備食物時，最好也能準備一些水，因為要在都市巷弄裡找到可以喝的水很困難，在他們餓肚子的同時，口也一樣很渴。假如你有比較親近的流浪貓，能幫他準備驅蟲藥物就更好了，只要把藥混在罐頭裡，他們就會不知不覺地吃下肚，有很多流浪貓因為寄生蟲而死亡，大部分的流浪貓不太可能存活兩年以上，更有超過百分之五十的毛孩子在滿五個月前就會死去。

ps 2. 一直下雨的那段期間裡，我都沒看到那六隻小貓和兩隻大貓，但昨天晚上我看到疑似六隻小貓裡的其中一隻，是一隻身材瘦長、非常稚嫩的三色毛孩子。那麼其他五隻跑去哪兒了呢？雖然很好奇，但又覺得不要費心猜想比較好，所以就抱持著「他們一定活得好好的吧」的信念，不再多做揣測了。

愛也有第二份嗎？

在搬來這裡之前，舊家附近有間動物醫院，非常照顧流浪貓，不知道他們是不是有拯救社區流浪貓的專家，醫院裡一年三百六十五天都擠滿了流浪貓，從大貓咪到眼睛還沒變色的小貓咪都有。原則上大部分的動物醫院都會照顧遭遺棄的動物到一定時間，但時間一過，這些動物就會被送到救助協會，如果沒有被領養，最後通常只能走上安樂死一途，但這間醫院不管期限是一個月、三個月，還是一年，都會一直照顧動物直到他們被人領養為止，真是一間有愛心的醫院。

不可思議地，那是一個巧妙的社區，同時存在著拯救流浪貓的專家和等著領養流浪貓的人，根本不用等到一個月或兩個月，送進醫院的貓咪很快就會被領養，無論小貓咪還是成年貓咪，或是還不習慣人類觸摸而存有戒心的貓咪、一撒嬌就足以讓人融化的貓咪……全都找到了新家，因為這個社區有很多外國人，所以也有很多毛孩子跟著「移民」到國外去。「之前的那隻燕尾服貓被領養了嗎？」一問之下，就會得到「他已經去加拿大了喔！」的回答。我有一位住在墨西哥的朋友，他的貓咪小風，也是從那裡帶去的孩子，他住在有著高聳天花板的數百年老宅邸中，擁有自己的房間和廁所，過著豪華奢侈的生活；另外有一隻原本對人類十分警戒的一歲半燕尾服貓，我的擔心根本是多餘的，雖然花了一些時間，但最後還是讓一對年輕的英國夫婦成功領養，他們甚至還買了新的貓抓板，那對夫妻扛著貓抓板走出去的背影，是我在那社區裡看過最美麗的風景。

韓國人對於領養流浪動物並不太友善，雖然不想硬扯到國籍，但韓國確實存在這種現象是不可否認的事實。韓國人對「被遺棄的」或是「路邊的」這類形容詞有一種排斥感，「別人養到一半丟掉的小狗」、「在路邊生活的野貓」……但是，那些毛孩子並

沒有什麼不同，他們正準備被愛，也正準備要愛人。想當然，我們家裡愛意最氾濫的毛孩子就屬原子小金剛了，就算其他貓咪對我不理不睬，原子小金剛還是會揪住我的腳坐在一旁。韓國人的那種排斥感對於棄犬表現得更明顯。你的戀人在跟你交往前也曾經愛過其他人啊，為什麼只因為是狗，就不能擁有過去呢？雖然這是有點愚蠢的比喻，但現實就是如此。

愛是沒有第二份的。

對於正在等待你的那個毛孩子來說，你就是他唯一的愛。

但是，我依然不及格

　　世上所有關於寵物的故事，結局都是悲傷的。因為太愛他們，所以人們難過、哀傷；無論貓咪還是小狗，他們生命的步調都和人類截然不同，面對彼此之間的生命差異，我們徒呼奈何。這實在太殘忍了——出於一己的愚蠢、軟弱和自私，我們總是不停催眠自己，相信他們在我們的照料下過得很幸福；即使心知不可能，但還是希望他們能活到一百歲；我們始終不願正視，總覺得那件事不可能發生；希望他們能陪伴自己一直幸福地生活下去——光是想就覺得好累。朋友曾說過，我們能做的只有在他們生命故事的開端、成長與巔峰的每個時刻，給他們更多的愛。雖然結局會如何，心裡再清楚不過了，但是，對於總有一天會到來的局面，你真的做好萬全準備了嗎？真的能夠成熟地面對這些生死離別了嗎？「承擔這種悲傷，也是我們的責任之一。」如果能夠，希望寵物們可以遇到懂得這道理的真心人，不然，至少也該是未來某一天能夠醒悟的人們。因為讀到了某人深愛的寵物在他二十九歲前去世的故事，眼淚不禁跟著撲簌簌地落下，我喝了一些酒，寫下這篇文章。我還不夠資格「好好地愛」某個人——這是貓咪唯一無法教我們的一件事，更何況，說不定「好好地愛」這件事，實際上根本就不曾存在。

喵嗚喵嗚

才不需要什麼解釋呢，
因為我是貓咪啊，
所以，就算接受了所有的關心、所有的擔心，也還遠遠不夠，
你們關心我是理所當然的，
因為我不會說話啊，
因為我是貓咪，所以只會喵喵叫，
就算我用其他音調喵嗚喵嗚地叫，你也什麼都聽不懂，
雖然有些鬱悶，但好笑的是，這真是太簡單也不過了，
因為我只要喵喵叫就好啦。

謝謝你總是那麼仔細地聽我喵喵叫，
我的喵嗚喵嗚，很多時候根本沒什麼特別的意思，
但在你聽起來卻不是那樣。
真的覺得自己很幸運能當一隻貓咪，
我想，如果你再怎麼大聲地喵喵叫，
也不會有任何人理你的，
我全都知道，才不會有人要聽你喵喵叫呢。

對不起，只有我身為貓咪，
雖然我當貓咪這件事跟你無關，
但對於你不是貓咪這件事，我還是感到相當抱歉。

不過我還是覺得很幸運，
正因為只有我是貓咪，
所以如果我喵喵叫，

你就會豎起耳朵聽，

就算對我的喵嗚喵嗚感到疲憊了，你還是會豎起耳朵，

你對於自己的喵嗚喵嗚，明明就經常忘記豎起耳朵聽的說。

你看，我很棒吧？

真幸運，

真的幸好我是隻貓咪，

還有，

對不起，只有我是能喵喵叫的貓咪，

我會連你的份也一起喵嗚喵嗚的，

就算沒人要聽我也會這麼做。

再一次，

晚安，喵嗚喵嗚。

人生顧問207
向貓咪學習生活哲學

作　　　者—李周禧
譯　　　者—樊姍姍、楊琬茹
主　　　編—林芳如
編　　　輯—謝翠鈺
校　　　對—王怡之
執 行 企 劃—林倩聿
封 面 設 計—黃思維
版式·排版—陳郁汝
董 事 長
　　　　　—趙政岷
總 經 理
總 編 輯—余宜芳
出 版 者—時報文化出版企業股份有限公司
　　　　　10803台北市和平西路3段240號4樓
　　　　　發行專線—（02）2306-6842
　　　　　讀者服務專線—0800-231-705
　　　　　　　　　　（02）2304-7103
　　　　　讀者服務傳真—（02）2304-6858
　　　　　郵撥—19344724 時報文化出版公司
　　　　　信箱— 臺北郵政79~99信箱
時報悅讀網—http://www.readingtimes.com.tw
法律顧問—理律法律事務所 陳長文律師、李念祖律師
印　　　刷—華展彩色印刷股份有限公司
初版一刷—2015年4月3日
定價—新台幣300元

國家圖書館出版品預行編目資料

向貓咪學習生活哲學 / 李周禧作；樊姍姍、楊琬茹
譯 . -- 初版 . -- 臺北市：時報文化 . 2015.04
面；　公分 . -- （人生顧問；207）

ISBN 978-957-13-6206-9(平裝)
1. 人生哲學 2. 通俗作品

191.9　　　　　　　　104002106